Auxiliando a humanidade a encontrar a Verdade

GOTAS DE AMOR
Mensagens de Maria de Nazareth

GOTAS DE AMOR
Mensagens de Maria de Nazareth

Psicografadas por Mitzi Pereira Ponce de León

© 2000 – Mitzi Pereira Ponde de León.

Gotas de Amor
Maria de Nazareth

Todos os direitos desta edição reservados à
CONHECIMENTO EDITORIAL LTDA
www.edconhecimento.com.br
conhecimento@edconhecimento.com.br
Caixa Postal 404 – CEP 13480-970
Limeira – SP – Fone: 19 34510143

Nos termos da lei que resguarda os direitos autorais, é proibida a reprodução total ou parcial, de qualquer forma ou por qualquer meio — eletrônico ou mecânico, inclusive por processos xerográficos, de fotocópia e de gravação — sem permissão por escrito do editor.

Revisão:
Hélio José da Silva
Ilustração da capa:
Luiza Cazaux de Souza Velho
Projeto Gráfico:
Sérgio Carvalho

ISBN 978-85-7618-165-1
5ª Edição – 2008

• Impresso no Brasil • *Presita en Brazilo*

Dados Internacionais de Catalogação na Publicação (CIP)
(Câmara Brasileira do Livro, SP, Brasil)

Maria de Nazareth (espírito)
 Gotas de Amor / Maria de Nazareth ; psicografadas por Mitzi Pereira Ponce de León. — 5ª ed. — Limeira, SP : Editora do Conhecimento, 2008.

 ISBN 978-85-7618-165-1

 1. Espiritismo 2. Psicografia I. Ponce de León, Mitzi Pereira. II Título

08-11130   CDD – 133.93

Índices para catálogo sistemático:
1. Mensagens psicografadas : Espiritismo : 133.903

GOTAS DE AMOR
Mensagens de Maria de Nazareth

Psicografadas por Mitzi Pereira Ponce de León

5ª edição
2008

Aos amigos General Deusdedit Batista da Costa e Diamantino Coelho Fernandes agradeço o incentivo quando da recepção das páginas que compõem este livro.

Sumário

Primeira parte

Saudações amorosas 17
Apresentação 19
O decênio da Cruzada Espiritual Feminina 22
Apresentando Maria (do livro *A Liberdade do Espírito*) 24
Mensagem recebida no dia da inauguração da reunião 25
As criancinhas 26
Momento de glória 27
O espelho da vida 29
Paciência e perseverança 31
A luz 33
Renascer 35
O medo e a fé 37
Caminhar sombrio 39
Trabalhar com amor 41
Os sábios 43
O alto da montanha 45
Suprema energia 47
O medo da morte 49
A rosa e vós 51
Árvore de amor 53
Ligação 55
União pelo amor 57
O primeiro marco em vossa existência 59
Não guardais segredo para com aqueles que vos amam 61
Servir ao Todo 63
Meditação 64
Paz em vossas casas será paz no mundo 66
Buscai a vossa luz e subi 67
O Infinito 68
Vivei e deixai viver 70

Verde que se faz tão verde 72
A vidência 74
Amar ao próximo 76
Vosso corpo - vosso templo 77
A luz espiritual 79
Sede úteis 81
As voltas que o mundo dá 83
A última vez 85
Gratificação 87
O futuro 89
Tempo 91
Consciência do caminho 92
Satisfação interior 94
O homem forte 96
Olimpíada espiritual 98
Fonte de água divina 100
O Evangelho 102
Salvação 103
Exercitar a paciência 105
A palavra 107
A felicidade 109
O silêncio 111
A janela da eternidade 113
A paz como companheira 115
Dar antes de receber 116
Observar 117
A luta e a paz 119
Sede dóceis e mansos 121
Cumpri vossas leis 123
A ciência e o homem 125
Tranqüilidade interior 127
Mensagem aos homens 128
Mensagem à mulher 130
A luz de Maria 132
Amar ou ser amado? 134
Eu espiritual 136
Jóias a lapidar 137
O momento presente 138

O coração cheio de fé 140
Simplesmente viver 141
Paisagem definitiva 142
Planos de luz, planos de paz 143
Provas difíceis 145
Comunhão com o Senhor 146
A palavra do Senhor 147
Zelo ou dúvida 148
Fé e a razão 149
As luzes cósmicas 150
O estudo 151
O dinamismo do momento 152
Esqueci quem sois 153
O saber esperar 154
Intercâmbio de amor 156
Alegria 157
Os obstáculos do caminho 158
Simplicidade 159
Olhai para o alto 160
Deus 161
Viver, eterna forma de aprender 162
O homem luta por instinto 163
Comunicação 165
A natureza 166
Dar amor 167
Vossa aura 168
Liberdade 170
Vibração em luz 171
Alegria de viver 172
Valores da alma 173
Meditai nos meios, vós que almejais um fim 174
Corações conturbados 175
A força da natureza 176
Trabalhar com Jesus 178
Ensinar o caminho 180
Capacidade de perdoar 182
A paz da consciência 184
O caminho 185

Gotas de Amor   11

Idéia de conjunto 187
O pão do espírito 188
Criar a beleza interna 190
O Remédio da prece 192
Confiança, conformação, fé 193
A balança 194
Alimento do espírito 195
A família 197
A juventude 199
A escola 201
Seguir o evangelho 203
Os obsessores da Terra 204
Conselho de mãe 206

Segunda parte

O sentido da Cruzada 211
Unidas pelo amor 215
Semeadura 216
A Cruzada é o ninho 217
Alma de Cruzada 218
União 219
Instruções 220
Eu sou a brisa 221
Na paz do silêncio o alto trabalha 223
Preparação 224
Vontade de vencer 226
A felicidade do alto 227
Cruzada de coração aberto 229
O sofrimento do planeta Terra 230
Organização 231
Os sacrifícios do passado 233
A missão 234
Proteção 236
As religiões e a Cruzada 238
Responsabilidade é o tema 240
Fé e certeza 241
Incorporação 242

Vosso prêmio	243
Cruzada atuante	244
Purificando a aura	246
Banquete espiritual	247
Livre de pecados	248
Etapa importante	250
Orai e vigiai	251
Imitando a natureza	253
Confiai em vós	254
O arquiteto divino	256
Visitação aos lares	258
Expansão da Cruzada	259
Abraçando o mundo	261
Cruzadas	262
Equilíbrio e responsabilidade	264
Maria mãe	266
Sinceridade	268
A sensibilidade	270
Às minhas filhas Cruzadas	272
Um marco em vossas existências	273
Para todos os tempos	275
Vossa missão	277
Vibrações de amor	279
Ouvir no silêncio	280
Ansiedade	282
A árvore boa dará bons frutos	284
A vibração	286
O poder da oração	288
Conselhos	289
Estudo	290
A entrega	291
Oração de Maria	292

Terceira parte

Introdução	297
Modelos de relaxamentos	300
Meditação	304

Gotas de Amor   13

Mentalização... 305
Afirmações... 307
Endereços para contato.. 309

Quarta parte

Jaculatória de Nossa Senhora...313

Primeira parte

Gotas de Amor

Saudações amorosas

Mais uma vez iremos comemorar neste templo a fundação desta Cruzada que idealizei junto aos mestres, para trazer aos espíritos viventes nesta época da humanidade a condição de participarem na construção de um mundo melhor. Como construir um mundo melhor? Somente através da vibração do **amor-amor-amor**. Assim é que peço para que façais um esforço para transformar essa forma de vida em uma vibração de amor. Pensando e agindo sempre na direção do bem comum, na paz nos lares para que esta **paz** possa se irradiar por todas as ondas vibratórias do planeta e auxiliar aqueles que sofrem e passam por aflições. Somente o amor poderá modificar a conduta dos dirigentes de povos e religiões transformando o ser humano em criaturas melhores.

Estou mais uma vez conclamando, chamando a todos para esta **missão de amor**. Juntos e somente juntos poderemos realmente modificar o curso das vibrações e transformá-las em vibrações positivas. Será um mundo de atmosfera mais amena onde as entranhas da Terra serão também transformadas, afastando tantas catástrofes. Confiai, ainda é tempo! É tempo de amar e portanto de reconstruir.

Uni-vos a esta Mãe que vos ama.

Maria de Nazaré

Apresentação

Quando o homem, sob a inspiração de Deus, evolui na ciência, viaja pelos espaços interplanetários, cria satélites artificiais que proporcionam ao mundo atual uma outra visão da topografia da Terra, com nuances de vibrantes coloridos; quando o homem, por meio de ondulações eletromagnéticas, transmite sons e imagens a distâncias incríveis, e a mente humana procura, também, desdobrar-se em comunicações telepáticas através da intuição divina, perguntamos. Não terá chegado a hora do homem, que por sua inteligência tornou-se a própria afirmação da existência de Deus, procurar não cometer erros e maldades e não se deixar dominar por aquele outro homem que, muito ao contrário, tornou-se a personificação patética da descrença e do vazio?

Se o homem já faz tantas conquistas, provando a existência das vibrações, nas suas diversas formas, dando-lhes os nomes de comunicação-visão, espaço-tempo; se já tem um conhecimento parcial da grandeza do Universo, já não é chegada a hora de saber que tudo o que surge na Terra e o deslumbra, é apenas uma pálida e esmaecida idéia de todos os poderes divinos?

Então, se o homem consegue transmitir sua imagem, via Embratel, por exemplo, tanto àqueles que têm cultura suficiente para apreciar uma programação elevada e que estão em condições de entender esta engrenagem complicada, como para aqueles que simplesmente olham e escutam toda a maravilha da imagem e do som, sem mesmo compreender, saberá, este homem, que tudo isto acontece apenas por uma concessão especial do Pai, como um incentivo ao seu desejo de saber e adquirir novas conquistas e descobertas? Se todo o progresso humano pôde chegar indistintamente para cultos e incultos, crentes ou descrentes, curiosas ou indiferentes, por que duvidar-se então de. que o Pai faz uso de seus mensageiros por vias outras, que não uma Embratel terrena, mas sim uma Embratel divina e, portanto, mais possante?

Se estudarmos com real humildade todos os ensinamentos que nos chegam, compreenderemos que, quanto mais luz possui um espírito, maiores condições tem de usar os. meios de comunicação a seu dispor, para guiar seus irmãos da Terra. A dificuldade não está em que eles se comuniquem, mas em que possamos captar-lhes o pensamento. A prova está neste livro que reúne mensagens de Maria, recebidas psicograficamente na Cruzada Espiritual Feminina. São mensagens de âmbito geral, nada de particular. Não temos a pretensão de pensar que uma Entidade elevada possa ficar à disposição de alguém para ditar-lhe mensagens de seu próprio interesse. Entendemos, sim, que estas mensagens tenham sido gravadas com antecedência para serem retransmitidas por uma mensageira à cúpula de nossa organização, sob a vibração da corrente formada pelas cruzadas da Terra e do Alto, como sentinelas e guardiãs deste trabalho sério.

As mensagens começaram a ser recebidas em 1968 e se encerraram em 1977, por determinação dá própria Mãezinha que informou já haver ditado tudo o que se fazia necessário ao bom andamento do nosso trabalho. Desta data em diante, passamos a ter, como intermediário nosso junto a Maria, o querido irmão Tomé.

Aqueles que desejarem conhecer mais de perto esses trabalhos, estão convidados a se dirigirem aos diversos Postos ou Sedes da Cruzada Espiritual Feminina localizados em vários Estados do País e também alguns já no Exterior. Basta comunicarem-se com a Sede Central, à Rua Washington Luiz n° 9 — 6° andar, Rio de Janeiro, onde receberão as informações e orientações necessárias.

O nosso trabalho consiste na propagação das obras da Grande Cruzada de Esclarecimento, quais sejam, *As Forças do Bem, Derradeira Chamada, Vide Nova, Elucidário, Corolarium*, que foram recebidas pelo inesquecível irmão Diamantino Coelho Fernandes. O irmão Diamantino é para nós, que tivemos a graça de conviver com ele em nossos trabalhos, uma das almas mais puras que já conhecemos sobre a Terra. Esperamos que todos que gostem destes livros, lembrem-se do nosso irmão em suas preces.

Agradecimentos, teríamos muitos a fazer, no entanto, estes serão traduzidos em bênçãos de nossa Mãezinha a todos que colaboraram. Citaremos apenas, o irmão Deusdedit Batista da Costa, nosso primeiro instrutor espiritual na Terra que nos levou à presença do irmão Diamantino e ainda o professor Augusto Gomes de Matos que, de três anos para cá, nos tem dado ensinamentos metafísicos, unindo ciência à espiritualidade. Porém sabemos que as almas puras dispensam agradecimentos; a elas nossa gratidão.

Que todos possam, sem distinção de credos, receber todo o carinho que nossa Mãezinha desejou transmitir, embora da maneira simples como conseguimos captá-lo.

Mitzi Pereira Ponce de León

O decênio da Cruzada Espiritual Feminina

Em seu livro *Corolarium*, psicografado pelo saudoso irmão Diamantino Coelho Fernandes, de maio de 1967 a fevereiro de 1967, Maria de Nazaré, a excelsa Mãe de Jesus, estabeleceu um marco de uma nova era de trabalho espiritual na Terra, quando declarou: — "Organizei, e já está operando no Alto, uma Cruzada Espiritual Feminina constituída por um número bastante avultado de entidades que me rodeiam com o objetivo de secundar na Terra os trabalhos de despertamento dos corações."

Dois meses depois, em 4 de abril de 1968 precisamente, instalava-se no Rio de Janeiro a Cruzada Espiritual Feminina. As mensagens recebidas através de nossa irmã Mitzi, escolhida por Maria para dirigente, foram suficientes para impulsionar a obra que surgia.

Dez anos já se passaram. E aquela sementinha lançada à Terra e cuidadosamente regada pelas pioneiras, com os recursos do amor espiritual, hoje tem raízes em cada uma das cruzadas. A planta cresceu e floresceu e novas sementes germinaram. Em 1969, Maria Santíssima mandou uma mensageira a Salvador, onde foi criado o primeiro posto fora do Rio de Janeiro, hoje com uma sede própria, na rua Borborema, 9, Bonfim; inaugurada em 1977.

Assim como Jesus falou aos discípulos; "Ide por todo o mundo e pregai o Evangelho a toda a criatura", Maria convocou suas filhas para difundirem os princípios de amor aos semelhantes nos lares visitados". E este tem sido o principal objetivo das cruzadas: fazer chegar aos lares, hospitais, casas de saúde, onde houver um chamamento, aquela vibração de amor que desperta nos sofredores e incrédulos, confiança, fé, resignação e paz conscientes.

Um decênio de trabalho encerra este livro que é o presente mais valioso concedido por Maria a seus filhos neste planeta.

Cada mensagem contém uma orientação, um esclarecimento, um conforto, uma resposta a que ansiamos. É um livro para ser lido, meditado e, sobretudo, vivido. Conquanto seja para todos, o leitor encontrará sempre uma mensagem, com a qual se identificará, como se tivesse sido ditada especialmente para ele, naquele momento de sua vida.

Não é só a Bahia, que através das irmãs cruzadas, se regozija com essa publicação, mas também, todos os postos da Cruzada Espiritual Feminina, representados pelos irmãos que fazem parte da corrente de amor, amparados pelas Forças do Bem.

Agradecemos a Deus, ao Mestre Jesus e à Mãe Santíssima as luzes e bênçãos que se irradiaram sobre nós nesses dez anos, que esperamos continuar merecendo pela vida eterna.

Bahia, 10 de julho de 1978

Helena Cardoso Mata

Apresentando Maria

(do livro *A Liberdade do Espírito*)

Para aqueles que desconheçam esta Graça Divina, venho para responder às vossas indagações.
Quem ainda não observou a aurora de mais um dia? Quem ainda não recebeu a alegria vinda do rostinho de uma criança que ri? Quem ainda não viu o desabrochar de uma florzinha nos campos? Quem ainda não se alimentou com as mais puras frutas e bebeu a energia contida na água? Quem ainda não sentiu a ventura de ver terminar uma saudade? Quem ainda não recebeu um perdão vibrado em verdade? Quem ainda não sentiu a carícia de uma brisa? Quem ainda não teve desejo de encorajar um triste, levantar um decaído, ou auxiliar a um pobre? Quem ainda já não chorou com o sofrimento de um irmão, ou não se uniu em preces em favor dos infelizes?

Irmãos, se assim já vos sentistes, ou se assim já agistes, compreendei que tudo vos foi soprado, dado ou inspirado por Maria, que assim se apresenta a vós; Maria, a Mãe das mães! Todas estas alegrias ou tristezas, representam o amor, a ternura, o perdão de Maria. No sorriso de uma criança, no desabrochar de uma flor, na beleza radiante da aurora, observai e sentireis Maria a agradecer-vos todo o vosso amor em favor dos filhos a quem tanto Ela ama.

Amai, irmãos, em nome da pureza que é Maria, amai em nome do perdão que é Maria, amai em nome da vibração de Maria em favor da humanidade.

Maria representa a parte feminina, delicada e pura de toda a Criação. Ela simboliza a beleza de todas as coisas. Quem não amar todas estas coisas tão simples, não poderá compreender a bondade de um Pai que vos deu como símbolo da Criação a beleza de uma Mãe Maria. Amai-A em vossos filhos, amai-A em vossos pais, amai-A em vossos irmãos e tereis encontrado a forma mais sublime de louvar a Deus.

O irmão, Francisco de Assis.

Mensagem recebida no dia da inauguração da reunião
Encontro com o Senhor

A pureza do Alto desce à Terra toda vez que almas de boa vontade se unem para irradiar amor.

Convosco caminharei sempre pela estrada de vossas vidas, tornando vossos passos mais leves, retirando as impurezas do caminho. Aquele que caminha com amor, terá sempre seu poder de doação redobrado e ampliado ao infinito.

Vinde caminhar conosco. Vinde aprender a irradiar a palavra de Fé, dar consolo aos tristes. Estas reuniões serão sempre a pousada para aqueles que andam sem conhecer o caminho. Imaginai a tristeza de andar sem reconhecer o caminho. Tudo para eles é escuridão. Vossa prece será a luz que iluminará seus caminhos.

Vós que sabeis rir, ajudai aqueles que choram. Vós que tendes a sabedoria da prece, ajudai aqueles que não sabem orar. Vossa vida pode ser sempre de auxílio a vosso irmão, porque conheceis o Senhor.

Vinde a este encontro com o Senhor e cada vez mais O sentireis em vosso coração.

A bênção da Mãe do Alto,
Maria de Nazaré

As criancinhas

Em asas de anjos descem à Terra as criancinhas. Em cada lar abençoado, rico ou pobre, chega mais uma alegria. É mais um botãozinho que chega para desabrochar, crescer, trabalhar. Recebei com muito amor as criancinhas, cuidai delas com muito carinho. Que vossos espíritos nunca se cansem de amá-las, que vossas mentes nunca se esgotem para orientá-las, que vossas mãos não se cansem de serví-las.
Uma nova esperança nasce em cada criancinha. A esperança de que possam construir um mundo de paz e equilíbrio. A esperança de criarem mais amor para desanuviar a atmosfera de dor. A esperança de que possam construir com a alegria, tudo o que está por ser construído. Tudo o que deve vir à Terra para maior conforto da humanidade. A cura de doenças tidas como incuráveis, tudo o que o Pai pode oferecer de melhor ao mundo, está chegando na mente espiritual destas crianças. Assim, peço-vos que cuideis muito delas. À vós cabe uma grande responsabilidade de lares preparados para recebê-las. Esta responsabilidade será a de criá-las com muito amor e justiça, para que possam, no tempo devido, cumprir as determinações a que vieram, pela graça do Pai.
Ajudai-as a formarem-se dentro da Lei da Harmonia e estareis colaborando na construção do terceiro milênio.
A bênção da Mãe do Alto,
Maria de Nazaré

Momentos de Glória

Momentos de Glória Espiritual, sente o ser que consegue elevar-se acima de suas imperfeições e colocar-se na presença do Pai com toda a unção de seu coração.

Feliz se sente o espírito que, na presença do Pai, lembra-se de pedir perdão, não só pelas faltas presentes, mas também pelas faltas cometidas em vidas pretéritas. Pedindo perdão pelas faltas passadas, mesmo sem saber quais foram, o espírito sente um grande amparo, um socorro, um alento. O conforto recebido todos os dias, através desta forma de orar, transformará os seres em criaturas muito mais fortes e equilibradas.

Para elevar-se a presença do Pai, é preciso buscar a Paz, é preciso uma entrega total, é preciso subir através da mente, livrando-se de tudo que o prende ao solo. Estas amarras, são a intranqüilidade, a insatisfação, a agitação.

Todos vivem em meio à agitação e assim vão sentindo dificuldades em libertar-se totalmente e subir. Dificuldades em transpor os próprios obstáculos mentais. Estes obstáculos são, por vezes, a própria vergonha de si mesmos. Continuando nesta atitude errada, porque está conturbado, ou porque está com vergonha de si mesmo, o ser não conseguirá dar um passo em seu próprio benefício, pois que, longe do Pai, longe da luz, todos morreriam.

Assim, é necessário um esforço, um grande esforço, para superar o cansaço, a indiferença ou a inibição e subir mentalmente, espiritualmente e chegar a um estagio mental de Paz.

Que o ser tenha coragem de comunicar-se com o Pai e dizer: me conheço Pai, sei que sou um nada, eu reconheço, que não tenho tido a força necessária para enfrentar meus problemas, mas sei que tudo isto acontece porque estou afastado de Vós. Ajudai-me a ser melhor do que sou e eu farei tudo para melhorar". Assim, com palavras simples e honestas, as suas vibrações serão sentidas pelo Pai, que lhe enviará o socorro cada vez maior e a cada dia este ser começará a sentir uma outra força e se ver cheio de coragem. O amor crescerá dentro de si, porque a ligação diária com o Pai, mediante um pedido de perdão e uma súplica de socorro, iluminará o seu espírito e ele verá tudo e todos de uma forma completamente diferente.

O Pai espera vosso pedido de perdão, para vos ajudar. Subi em vibrações mentais e sentireis a Glória de Sua Presença em vossos espíritos para sempre.

A bênção da Mãe do Alto,
Maria de Nazaré

O espelho da vida

Olhai vosso corpo, procurai vê-lo como ele realmente é, um elemento necessário à vida enquanto na Terra. Uma morada passageira, um envoltório do espírito, uma forma de vosso Eu maior realizar-se, dar-se, caminhar, servir. Agora, meditai que triste seria mirar-se neste espelho da vida, espelho da reflexão e pensar que este corpo fosse tudo, fosse mais importante do que realmente é. Meditai na fragilidade desta matéria plasmada para servir ao espírito e unicamente para isto, sem nenhuma outra atribuição.

O corpo, morada do espírito, cresce, se fortalece, se estraga pelo mau uso, se desgasta pelo sofrimento, se consome pela dor alheia. Deixai à Terra o que à Terra pertence e olhai mais para o interior deste corpo e, então sim, este espelho da vida, espelho da reflexão, começará a vos dar as grandes respostas.

Preparai-vos, libertai-vos de todas as coisas que são prejudiciais a este corpo, a vossa morada. Usai-o condignamente, tratai de fortalecê-lo para melhor servir, para auxiliar a todos que sofrem. Vivei, fazendo uso perfeito de vosso corpo e, quando o relógio da vida soar a vossa hora, estareis prontos para partir, prontos para olhar esta matéria e dizer com gratidão: Graças vos rendo Pai, por este corpo imprestável que na Terra deixo, pois sei que foi com ele que trabalhei, que foi através dele que me purifiquei, que nele foram expurgadas minhas faltas pretéritas. Graças meu Pai, porque abandono meu corpo cheio de gratidão, mas inteiramente liberto dele, desligado dele.

Todos vós que acompanhais um desencarne na Terra, ajudai-nos somente com vossas preces, com vossa confiança em nós e deixai que as preocupações e as saudades, sejam superadas pela Lei do Amor que, sendo dado ao enfermo, o ajudará a libertar-se por completo. As manifestações do corpo, são espasmos da matéria, mas as manifestações do espírito são sustentadas por nós e são todas de conformação, paz e equilíbrio.

Que estas palavras possam confortar-vos, na certeza da bênção da Mãe do Alto,
Maria de Nazaré

Paciência e perseverança

Paciência para com vossos espíritos e perseverança no caminho do vosso desenvolvimento espiritual, é o que vos venho pedir hoje.

Sentai e observai uma flor, pétala por pétala; ela é criada na mais perfeita harmonia de formas, para então se transformar em beleza. Nuvens surgem no Céu para enfeitar seu azul. Árvores crescem para formar as florestas, e a natureza está em festa. Mas faltam ainda as águas, os riachos sonoros e a paz penetra para dar mais beleza à paisagem.

Tudo no Universo surgiu devagar, com muita paciência e graça, muita bondade do Pai, mas também com muita perseverança.

Muita beleza podeis construir para iluminar vossos espíritos. Todos os dons que são elevados e sagrados poderão ser construídos em vós com paciência e perseverança. Se o Criador não iniciasse um dia a Criar, nada existiria. Se não iniciardes a vossa reformulação para uma melhoria espiritual, jamais chegará o dia da vossa realização e salvação.

Assim, tereis de ter paciência para com vossos espíritos, paciência de lutar para construir todos os dons que vos faltam, mas acima de tudo, muita perseverança para não esmorecer no meio do caminho.

Lutar é dom dos fortes, do ser que não se sente desligado do Supremo. Sede forte, lutai por vós mesmos e estareis lutando por uma partícula do Supremo em vós. Lutai sem esmorecer, sem dizer "hoje estou cansado para orar", "hoje estou cansado para me reformular". Cada dia afastado da oração perfeita, é um a menos na construção da vossa vida espiritual. Cada dia perdido na construção da vida espiritual, é tempo que não é reposto, que fica para trás e muito mais que isto, tempo que vos manterá afastados da meta da iluminação que vos trará a verdadeira Paz.

A caminhada é longa, iniciai-a desde já na estrada da iluminação perfeita. Sem esmorecer, com muita determinação, vereis que cada sacrifício, cada esforço se transforma em uma luz a mais que servirá de guia para nunca dizerdes: "Eu estou só". Quem trabalha pela sua iluminação, descobre o seu Cristo Interno e vê então que jamais esteve ou estará sozinho.

A bênção da Mãe do Alto,
Maria de Nazaré

A luz

Como viver da Paz, se não a procurardes? Como viver da harmonia, sem buscá-la? Como viver da Luz se não construirdes a Luz?

Sim, filhos queridos, muitos e muitos pedidos nos chegam ao conhecimento por bondade e amor dos mensageiros desta Cruzada. Digo que estes pedidos nos chegam pela bondade dos mensageiros, porque realmente por vezes, vossas mentes estão tão conturbadas, que seus pedidos e aflições não conseguem sequer sair do emaranhado de vossas próprias vibrações.

O planeta se debate em lutas e sofrimentos e muitos são os clamores de revolta e insegurança. Enquanto a revolta cria corpo, alimentada pela insegurança, o ambiente da Terra vai mais e mais se conturbando.

Há muita necessidade de ensinar a todos o verdadeiro sentido da oração. Há muita necessidade de ensinar a graça da meditação, das mentalizações que, plasmando formas positivas, destruirão as imagens negativas que acima citei.

Não há porque esmorecer, não há porque temer, se cada um se compenetrar de sua tarefa junto a todos que são os irmãos da mesma jornada. Se todos procurarem compreender, ajudar, darem-se as mãos e, principalmente, se todos pararem para pensar, para meditar, para transformar suas mentes em uma antena de irradiações positivas, todos serão ajudados.

Quando todos agirem positivamente, verão suas preces subirem, sem o auxílio de entidades amigas, sem esforço, pelo próprio poder de sua mentalização, pelo próprio esforço de sua dedicação, em favor de si próprio, que finalmente reverterá em benefício de todos.

Filhos amados, procurai despertar para a verdadeira Fé, como o homem que pacientemente joga suas sementes no solo. Filhos, precisamos que todos tenham, como meta principal na vida, a Luz Espiritual, para que possamos fazer esta Luz

chegar para todos. Procurai ajuda e nós vos ofertaremos esta ajuda com prazer.
A bênção da Mãe do Alto,
Maria de Nazaré

Renascer

Sim, filhos queridos, muito mais importante do que nascer, é renascer. Todos vós ficais deslumbrados, felizes, e festejais os nascimentos na Terra. Ficai sabendo, que mais importante é renascer para a espiritualidade, ou seja, nascer para Deus. Não estou me referindo à morte simplesmente, mas de um renascer para Deus, que é o nascer da verdade, já com olhos de ver, de compreender a verdadeira vida. Para que vosso renascimento se dê com grande alegria para o espírito vosso e de quantos vos aguardam na verdadeira pátria, é preciso saber viver a verdadeira vida, vida voltada para o próximo, para o Deus que há em cada criatura, sofrendo com suas dores, alegrando-se com suas alegrias. Cada renascimento no Espaço, é uma alegria renovada para aqueles que deixaram na Terra seus corpos imprestáveis e vestem a vestimenta do espírito. Muitas alegrias para o renascimento no Espaço, para os amigos que aguardavam a chegada de um espírito irmão. Verdadeira festa é aquela que se dá, a cada renascimento na espiritualidade.

Filhos queridos, sabei viver, procurando compreender e ver em todos, as qualidades que devem ser exaltadas. Ao exaltar-lhes as qualidades, estareis ajudando-os a anular os defeitos difíceis de serem reconhecidos. Ajudai sempre um irmão a se erguer perante o mundo e ele, um dia, vos agradecerá e conseguirá chegar com vosso amor até ao Pai, ao qual por vezes desconhece por falta de amor verdadeiro, de amparo cristão. Lembrai que, os que vivem sem amor, não podem compreender a Deus, que é só Amor.

Procurai viver bem, cuidando também de vossos corpos, para que eles sejam a casa digna do espírito. Cuidai bem de vossa mente, para que ela seja a sede de pensamentos elevados; cuidai muito de vossos pensamentos, para que eles vos elevem às vibrações mais altas. Cuidai bem de vossas vidas, para um dia renascer para a Glória Eterna, com o coração cheio de Paz,

Paz adquirida da certeza da missão cumprida.
A bênção da Mãe do Alto,
Maria de Nazaré

O medo da fé

Desde que nascem, as criancinhas iniciam a ouvir uma série de sugestões e palavras negativas. De toda a negatividade imposta aos seres em formação, a pior de todas é a que os leva ao medo.

Filhas amadas, o medo é vosso maior inimigo. O cérebro é formado pela Inteligência Suprema que os livraria de todos os perigos, através do instinto. Não seriam necessárias tantas pregações sobre o medo, para livrar-vos do perigo. Assim sendo, os seres se vão formando cheios de dúvidas trazidas pelo medo. Eu vos afirmo que, na mente onde vigora, onde impera o medo, não há lugar para a Fé, pelo menos para a Fé verdadeira, inabalável, incontestável, fé de que sois acima de tudo seres criados por uma Grande Inteligência e portanto, seres de grande importância entre si e, principalmente, na presença do Criador.

O medo é sentimento que aniquila, que atrai doenças, que afasta realizações. O medo não vos deixa raciocinar com perfeição. A criatura em pânico, vê tudo de forma diversa, seus sentidos ficam completamente embotados. Assim, filhos queridos, lutai muito para afastar de vossas vidas o sentimento do medo e começareis a ver crescer em vós o sentimento da Fé. Na medida em que afirmardes "eu sou cheio de Fé", o medo não mais encontrará lugar em vossa mente. Enchei vossos pensamentos de afirmações positivas de Fé e o medo terá de vos abandonar. O medo vos leva para baixo, a Fé vos eleva.

Crescei para Deus, dentro da certeza de que aquele que ora todos os dias não temerá a escuridão, primeiro medo imposto às criancinhas. Pensai que, no escuro, o espírito repousa e que a escuridão também foi criada pelo Pai. Assim pensando, vereis que todas as sugestões negativas que vos foram impostas, podem ser modificadas por vossos pensamentos de Fé, aceitando, analisando todas as coisas como existentes pela graça de um Pai que é a Inteligência Suprema.

Confiai mais nesta Inteligência Suprema, começando por confiar em vós, que sois uma partícula Sua. Confiai que sois capazes de todas as realizações e vereis que realmente o sois. Daí em diante tudo vos parecerá fácil, pois, confiando em vós, tereis confiado em Deus.

A bênção da Mãe do Alto,
Maria de Nazaré

Caminhar sombrio

Chão de pedras, chão de areia, chão de lama, chão de difícil caminhada. Assim vai o caminhante triste, tropeçando e caminhando em meio a tantas dificuldades. Tudo à sua volta parecerá sempre assim, este caminho triste e sombrio.

Teimando em olhar para trás, teimando em ver somente as pedras, a lama, as dificuldades, teimando em ver somente a escuridão, ele achará seu caminho sempre triste e difícil. Se, ao invés, pensasse que as pedras do caminho servem de sustentação, que a lama adveio da chuva pesada, tão necessária à vida da vegetação, para alimentar rios e riachos, se lembrasse que a neblina observada com alegria é bela e que acima das nuvens o sol continua brilhando, caminharia sem tristezas.

Pensai nas coisas que vos cercam, sob um novo prisma. Educai-vos para ver, para observar as coisas belas da vida. Senti toda a grandeza do Criador, do Amor do vosso Pai, perdoai os que vos fizeram sofrer e não olheis para os outros como se fossem culpados de vosso passado. Esquecei o desamor, pois que se alguns não vos amaram, outros vos amam todos os dias; não deixeis que o desamor de alguns pese mais do que o amor de muitos.

Olhai para o Céu em um dia bem azul, de nuvens bem brancas, flores bem coloridas, para árvores frondosas e guardai bem na mente estas imagens. Quando tudo vos parecer sombrio, lembrai-vos das coisas belas, pensando que o sol brilhará novamente, renovando a paisagem como prova da bondade do Pai.

Renovai-vos também, despertai para uma nova vida, despertai para uma nova maneira de analisar as coisas, situações e pessoas; procurai ver, em todos, o lado bom que possuem e sereis mais felizes. Todas as pedras, toda a lama, toda neblina, toda chuva pesada não mais vos transmitirão angústia. O vosso espírito cheio de amor não mais sofrerá com coisas passageiras. Lutai para libertar-vos de tudo o que no passado vos feriu e só assim podereis observar o caminhar de hoje; só assim podereis dar valor aos belos dias e ao chão de arminhos.

Nós, filhos queridos, aqui estamos sempre para vos sustentar, para retirar de vossos olhos espirituais toda a cegueira desnecessária. Buscai em vossos corações a paz de que necessitais e tudo em vossa vida será harmonia.

A bênção da Mãe do Alto,
Maria de Nazaré

Trabalhar com amor

Quando tantos e tantos mensageiros vêm ao vosso plano de vida para vos inspirar, para vos pedir, para aclarar vosso pensamento em relação ao amor, é porque sabem; porque vêem, porque sentem e constatam dos Planos Superiores, a beleza que é a vibração do amor. Pelo amor todas as formas de vida se reconstroem, por amor o Pai vos criou dentro da mais perfeita vibração de harmonia que deu forma, uniu partículas para dar condições de evolução para tantos. Através do amor se criaram todas as formas de vida, somente através dele todos poderão viver.

Vós sois a mais bela forma de amor do Pai, porque sois um Seu pensamento, porque simbolizais a Sua liberdade na mais perfeita evolução consciente. Meditai então que o amor é tão necessário às vossas vidas, quanto o ar que respirais. Se o Pai parasse de vos amar, não teríeis mais do que vos alimentar, já que tudo que recebeis provém do amor do Pai, em forma de vegetais, frutas, oxigênio.

Aquele que souber colaborar na Obra Infinita do Pai, distribuindo a vibração do amor, receberá em dobro tudo o que de graça já recebia sem mesmo notar, sem ao menos agradecer.

O jardineiro que plantar com amor terá as mais belas flores, o agricultor ao semear com amor terá mais belas colheitas e vós, se souberdes plantar à vossa volta muito amor, vereis vossos ambientes se encherem de paz e harmonia, elementos decorrentes da vibração do amor.

Dai amor em vosso trabalho, mesmo que não vos agrade e vos sentireis muito mais gratificados. Desviai todos os pensamentos negativos e trabalhai sempre movidos pelo amor e vossos caminhos serão de paz.

Meditai que, até para crescer, deveis cultivar antes o amor, pois que do contrário sereis como o tronco da árvore secular que cresceu torta por faltar quem a sustentasse com amor.

Aprendei a amar vosso Eu Maior, cuidando de fazê-lo crescer com amor antes que ele cresça desordenadamente, sem direção, sem meta, sem ideal.

Tende ideal de crescer, mas crescei com muito amor. Espalhai amor por todos os caminhos e deixareis para trás sementes que se transformarão em outros frutos de amor.

A bênção da Mãe do Alto,
Maria de Nazaré

Os sábios

O que seria do mundo se só os sábios tivessem o direito de usar da palavra? O que seria do Mundo se somente os iluminados pudessem transmitir seus ensinamentos?

Então meditemos: aquele que é sábio se distancia de todos, não por soberba, mas pela natural dificuldade em travar relacionamento com criaturas que ainda não alcançam tudo aquilo que o tornou um sábio, "muito estudo, muita entrega".

No mundo de hoje o sábio seria considerado o triste. Ele compreende tudo, que sua sabedoria, não compreendida hoje pela maioria, não ficará perdida, ela ficará para tempos futuros, quando o homem houver despertado para os estudos de todas as matérias em profundidade. Continuemos meditando que por vezes o homem é sábio em apenas uma matéria; para ser sábio, terá de passar por várias, inúmeras experiências.

Jesus foi chamado O Mestre e esta palavra escondeu o Sábio e O colocou em condições de falar aos homens, mas o Sábio que havia Nele fez com que muitos não O entendessem. Contudo Ele não escolheu a quem falar, porque se considerava mais Mestre do que Sábio. Ele se chamava de Filho de Deus e muitos confundiram a simplicidade elevada com a presunção de ser o próprio Deus.

Assim, observemos que até o Mestre teve dificuldade em comunicar-Se e ser compreendido. Vós vos encontrais na grande escola que é a vida e não deveis preocupar-vos se sois compreendidos por todos. Usai a vibração de amor que dá à palavra maior força e deixai que vos ouçam tanto em palácios, quanto em choupanas. Por vezes, nos lugares mais simples, sereis melhor compreendidos.

Sempre existirão neste Mundo, os de boa vontade, os que estão numa camada evolutiva perfeitamente bem encaixada entre a massa e portanto podendo falar a ela, já que é parte dela.

Falai, falai de tudo o que tiverdes certeza, falai das coisas por vós experimentadas e comprovadas como boas. Não guardeis ensinamentos, sob pena de serdes responsabilizados por isto. Sabei ser simples e agradáveis, sabei amar e transmitir ensinamentos com amor e, à vossa volta, se agruparão outras tantas almas com desejo de aprender para dar.

Tende certeza em vossos espíritos e propagai estas certezas, guardando para vós somente as dúvidas.

A bênção da Mãe do Alto,
Maria de Nazaré

O alto da montanha

Quem, ao admirar uma bela montanha, não terá tido vontade de subir até ao ponto mais alto e admirar a beleza da paisagem? Pois vos digo que, para subir a Grande Montanha, vossos espíritos terão de fazer grandes esforços, enfrentar muitas lutas, esquecendo-se dos pés cansados para subir só pensando no grande ideal, ver a bela paisagem.

Filhos, quantos por falta de vontade ou determinação ficam parados à beira do caminho? Portanto, meditai que, a primeira batalha a vencer, é a da **vontade**; a segunda, a da **determinação**, pois quem não firmar um pensamento para realizar, nada chegará a concretizar. A terceira será o amor à **causa**, ao objetivo a alcançar.

A Montanha a que me refiro hoje é a vossa escalada espiritual. O Pai a colocou à vossa frente e vos deixou livres para escolher o caminho reto, os atalhos, os caminhos perigosos. Estai, portanto, sempre em guarda, mantendo o coração vigilante para não seguir o conselho errado.

Após muitos dias na Eternidade alguns ficarão subindo penosamente, outros, de tanto sublimarem-se, terão criado asas como os anjos e chegado ao Topo da Montanha. Os que voaram e lá chegaram, descobriram que muitas etapas ainda terão de vencer e logo partirão com novas determinações, com novo ideal; mais crescer para melhor servir.

Os que subiram devagar, ao chegar ao Topo estavam cansados e ficaram deslumbrados com a nova paisagem que se lhes descortinava. Não possuindo visão maior, pensaram até que já haviam alcançado a etapa final. Um dia acordarão e verão novos horizontes a conquistar e, seguirão. Seus irmãos alados já estarão longe, mas o que importa é que todos terão chegado ao Topo da Montanha que lhes despertou a vontade de continuar a grande caminhada.

Assim, sabeis serem muitos os caminhos e muitas as formas de caminhar. Meditai de que forma tendes caminhado e se já não sentis vontade de voar. Pois voai, que a caminhada é longa e durante a caminhada muito há que fazer. Iniciai o primeiro vôo que vos levará a muitos outros, no caminho da Iluminação que será o refrigério para todas as almas de coragem e de determinação.

A bênção da Mãe do Alto,
Maria de Nazaré

Suprema energia

Muitos falam de fé, de curas, de mensageiros de luz. Poucos sabem como se processa todo esse trabalho.

Aqueles que nascem cheios de uma fé pura, já trouxeram em sua mente espiritual o conhecimento da verdade. Sem mesmo terem oportunidade de estudar, a força da fé é para eles uma coisa natural. Sua formação espiritual traz um cabedal de conhecimentos que lhes serve de escudo contra todas as dúvidas, já que as respostas eles as possuem em seu íntimo. Crêem, porque a verdade está dentro deles, embora não saibam explicá-la.

Para os infortunados, que mesmo com grandes estudos não conseguem despertar a Fé, existem escolas espiritualistas ensinando fórmulas mágicas, para que a Fé, a segurança em si mesmos, a força da cura e o amor, renasçam em seus espíritos tão empobrecidos pela escuridão da vida materialista.

A Energia do Pai, da Fonte Suprema, existe e isto deve ser apregoado. Ela existe e apenas muitos, os de pouca fé, não sabem manejá-la. Esta Energia, e nenhum outro poder especial, como o Poder de Curar é responsável pelas curas e graças recebidas. Assim sendo, a Energia da Fonte só não pode mostrar o seu valor para os que não A procuram, não fazem uso dela.

Assim sendo, todos podem curar, todos podem transmitir energias, e por que não o fazem? Porque, filhos queridos, essa Energia é manejada pela Vontade. A vontade está na mente, esta máquina que o pensamento transforma em energia curadora. Uma vez querendo com vontade e determinação, surge o chamado Milagre, a energia curadora mobilizada e transformada em força. Uma força misteriosa, a da vontade, impulsiona certos feixes nervosos que se irradiam para todas as células, fazendo-as transmitir a energia captada da Fonte e que estava estacionária por falta de amor e vontade de dar. Uma vez captada a Energia, é só dá-la, pois que, se não a usardes, ela vos desequilibrará os centros nervosos.

Sabei usar esta Energia não só para as chamadas curas em presença física, mas em curas à distância, em trabalhos de mentalização. Transformai-vos em usinas que captam e dão e distribuem aquilo que captaram. Quanto mais mentalizardes, fazendo uso da doação de energia mental, mais a recebereis para dar.

Lembrai-vos que as doenças se iniciam no cérebro; é, portanto, no cérebro, que deveis trabalhar mais. Irradiai às mentes a verdade da própria cura, a verdade de sua força, provando e transmitindo às mentes que esta Energia Oculta é o Deus de cada um, de todos criando a cada momento vida em cada ser, e ao mesmo tempo destruindo, em cada ser, tudo o que se torna prejudicial.

Aprendei a manejar a Energia da Mente, pensando, crendo que estais em sintonia com a Mente das mentes e deixai que todos comprovem por si mesmos a Fé desenvolvida através de afirmações, de hábitos mentais sadios que os reformule e lhes desperte o raciocínio da compreensão de um Deus que é grande para vosso entendimento, mas que vive em vós. Dai aos que não nasceram com fé, as fórmulas da energia mental manejada para o bem e eles um dia se transformarão em outros tantos mensageiros da Fé que cura porque é Energia manejada pela Mente Divina em sintonia com a mente do homem.

A bênção da Mãe do Alto,
Maria de Nazaré

O medo da morte

Baila no ambiente este sentimento terrível, o medo da morte. Quantos foram e ainda são criados sob este condicionamento de medo, que é enganoso e dificulta a compreensão daquilo que é apenas uma passagem.

Falar na preparação para a grande viagem, poucos desejam ouvir tal assunto. Não escutando, não admitindo tal conversa, como instruir-se sobre ela? Como ouvir opiniões, palestras, aprender com aqueles que tiveram experiências e que estudam o assunto?

Tudo isso, filhos amados, é fruto de ensinamentos errados sobre inferno, purgatório e céu. As religiões já modificaram este conceito e os mais adiantados sacerdotes já ensinam o que é correto, mas muitos filhos ainda insistem em manter quadros tristes e prejudiciais a formação de mentes que necessitam conhecer, iniciar uma procura das verdades espirituais.

Jesus veio ao Mundo para vos falar não de dores, mas de alegrias espirituais. Ele vos veio ensinar o que deve ser feito em benefício do espírito. Disse-vos que, aquilo que pela carne for praticado, será marcado no espírito. Torna-se, então, difícil falar de morte, sem preparar-vos para a vida. Na ordem natural, a vida precedeu a morte, provando assim que a vida, sim, é eterna.

Dizei para as crianças o que elas precisam ouvir. Ensinai-lhes a afastar as trevas mentais de atrasos e imperfeições que ficam pairando à sua volta por causa daqueles que não desejam aprimorar-se. Falai das moradas do Pai, que são tão lindas, como Planos que as aguardam e que se apresentarão na medida que suas mentes eternas os necessitarem, nem muita grandeza, nem nada que não possam alcançar de imediato.

Ensinai que só devem temer magoar o coração de Jesus, praticando coisas que serão prejudiciais ao seu próprio espírito. Mostrai-lhes um Jesus que ama as criancinhas e que, sendo o exemplo de amor e bondade, só espera encaminhá-las para o amor e a bondade. Dizei que o Mestre aqui veio para abrir-lhes as portas do chamado Céu, através dos ensinamentos que deixou como base de toda evolução. Sendo bons, deles será o Reino de Deus.

Ajudai aos jovens, dando a eles muito amor, compreensão, fazendo do exemplo de vossas vidas, o exemplo daquilo que eles deverão ser. Ensinai os primeiros passos espirituais com o mesmo carinho que ensinastes os seus primeiros passos de crianças. Dai a eles a mão da segurança amiga, o calor do carinho, o beijo do perdão, a luz da vossa Fé. Assim agindo, estareis formando seres seguros de si mesmos, certos da existência de um Pai que jamais lhes faltará.

O medo da morte não existirá para os espíritos que se formarem sem medo da vida, dentro de uma fé positiva e forte, equilibrada e justa.

A bênção da Mãe do Alto,
Maria de Nazaré

A rosa e vós

Que a vossa passagem por esta vida, filhos queridos, seja como o desabrochar de uma bela rosa. Aparecem primeiro os botões, como criancinhas que iluminam os lares com sua graça e beleza. Depois, a rosa desabrochada, bela a irradiar vida cor e fulgor a todos que a observarem. Um dia as pétalas começarão a cair, servindo de exemplo e lembrança de uma vida que sendo bela, serviu de motivação e alegria para todos. Vossa vida poderá ser útil se souberdes viver para espalhar colorido, frescor e alegria, como a rosa. Observai o cair de cada pétala, como uma despedida suave que não atemoriza ninguém. Despedi-vos da vida assim também, suavemente, como o cair das pétalas, com elegância e tranqüilidade.

Como viver para distribuir graça e alegria, perguntarão alguns? Nem todos nascem como os botões da rosa perfeita. Pareceria então uma injustiça divina esta desigualdade, se observásseis as criaturas pela aparência externa. Esqueceis que os belos botões são vossos sentimentos mais profundos, mais belos, que se irradiam de vós, fazendo-vos companhias agradáveis e perfumadas. São estes sentimentos que vos fazem belos perante a humanidade, perante o Pai e a vós mesmos.

A rosa, ao murchar, deixa cair suas pétalas feliz, certa de haver cumprido sua missão de amor enquanto viveu. Construí hoje vossa tranqüilidade de amanhã, o cair de vossas pétalas, na paz de consciência do dever cumprido. Envelhecer tendo sabido ser jovem.

Iluminai vosso semblante, com qualquer que seja vossa feição física, criando amor em vosso espírito, e este amor será como o ímã que atrai a todos e vos faz amados. Para serdes belos, é preciso esquecer o egoísmo, que entristece, que envelhece. Sede jovens até morrer, afastando de vossos espíritos as imperfeições que vos isolam, vos tornam tristes como a rosa carcomida e sem perfume. Espalhai o perfume do vosso amor, o perfume de vossa caridade e não haverá sobre a Terra quem consiga mostrar-se feio, tendo a alma bela.

Iluminai-vos de dentro para fora, sabei viver, preparando uma despedida com consciência tranqüila. Cumpri vossa missão de amor e tereis cada vez mais certeza na existência de um Pai que tudo criou na perfeição, para que pudésseis mirar-vos em Seu espelho, buscando a perfeição com o aperfeiçoamento de vossas almas.

A bênção da Mãe do Alto,
Maria de Nazaré

Árvore de amor

Vamos então falar-vos sobre o tema preferido dos jovens e poetas. Sobre o tema que tem empolgado a todos os líricos, a todos os sensíveis, a todos os espíritos que colocam nele seus maiores anseios.

O Amor, filhos, é como uma árvore de profundas raízes, largo tronco, muitos galhos, muitas flores e muitos frutos afinal.

O amor materialista prende seus olhos nas raízes. E o amor preso ao chão, é o amor possessão, é o amor domínio, mas também é amor, a forma primeira na qual o homem compreendeu o amor segurança e dependência.

Evolui o Ser e levanta um pouco os olhos e verifica que o amor possui um tronco e através dele se alimenta, sugando a seiva que vem do solo. Pensa então que o Amor é sugar, é usufruir, é alimentar-se. Mas ainda assim é amor.

Continua o homem a evoluir e vê que a Árvore do Amor possui galhos que se enfeitam de folhas e de flores e compreende que o Amor é algo mais, é beleza.

Cresce mais o ser e vê que aquelas flores se transformam em frutos que matam a fome dos que passam e que seus galhos agasalham e abrigam aos que vêm cansados. E o homem desperta, então, para a compreensão do verdadeiro Amor.

A Árvore do Amor possui raízes para retirar do solo o alimento que se transforma em energia, que se dá, que se oferece para alimentar e não para alimentar-se. Seus frutos, ao serem retirados, não voltarão mais a seus galhos, pois ela tudo dá sem esperar nada em troca.

Vê que aquela sombra se estende para agasalhar e não para agasalhar-se. Verá então, que o verdadeiro Amor é como a Árvore da nossa mensagem, é doação, é alegria em servir. Não se prende ao chão, mas eleva-se aos Céus para melhor servir.

Crescei filhos, e meditai sobre o Amor como ele deve ser meditado, com o sentimento de pureza, com o Sentido Divino com o qual foi criado e não com o sentido humano e pequeno que alguns lhe dão.

Assim, filhos, trouxe-vos hoje esta imagem bem simples do Amor para os que vivem e sonham com o Verdadeiro Amor.

A bênção da Mãe do Alto,
Maria de Nazaré

Ligação

Para qualquer tipo de comunicação é preciso que haja elementos de ligação. Entre o Alto e a Terra, estes elementos sois todos vós, trabalhadores e amigos das Forças do Bem.

É preciso compreender que, se todos se encontram na Terra em momento tão grave é porque algo têm a cumprir. Por que então cruzar os braços se tanto há que fazer? Uni-vos em vibrações, embora em diferentes modalidades de trabalho. Que um não considere o seu trabalho melhor do que o do outro, mas que todos vejam no trabalho de seus irmãos a beleza e a importância de algo que, ao ser observado, mostrará tratar-se de uma só Obra, em diferentes missões: A missão de trazer ao mundo de hoje o que todos necessitam, **ajuda espiritual**. Sem esta ajuda nada poderão realizar.

Não guardeis nos cofres de vossa mente aquilo de que tomardes conhecimento, mas plantai para que muitos possam colher. Semeai como Jesus, que não perguntou ao Pai a quem devia pregar, pregando a todos os que desejaram escutá-lo, embora sabendo que nem todos O compreenderiam. Deixai o julgamento para quem de direito, pois no futuro vereis o fruto de vossa semeadura surgir em terrenos que julgastes não estarem preparados e outros tantos não surgirem onde esperáveis que surgissem os bons frutos. Quando o momento for chegado, a luz raiará no espírito de todos, simplesmente porque um dia ouviram uma pregação, talvez vossa pregação.

A hora é grave, bem o sabeis, passai adiante tudo que for construtivo e aguardai o dia em que a maioria das pessoas será alertada pelo soar da Hora Maior, e aqueles que não houverem escutado a nenhuma pregação, muita dificuldade encontrarão, e muito trabalho darão às entidades, até que estejam em condições de compreender o que se passa à sua volta. Aqueles que já houverem escutado alguma pregação, mesmo que não tenham prestado muita atenção no momento, já encontrarão mais facilidade ao serem encaminhados, porque algo irá fazê-los lembrar o que estava guardado em suas mentes profundas.

Assim, filhos amados, não vos preocupeis com a separação de crenças, mas sim em ouvir sempre o que outros tenham para vos dizer, uma vez que eles também seguem a trilha deixada por Jesus, o Mestre dos mestres. Ouvi a todos, pois quem sabe algo de novo não estareis a ouvir que ainda não houvésseis conseguido captar em vosso ambiente de trabalhos espirituais?

As luzes espirituais estão sendo distribuídas para todos: É preciso que compreendam esta grande verdade, a hora é de união e compreensão entre criaturas que vibram em faixas iguais.

Ouvi e meditai, e assim não estareis a conturbar vossa mente, que deve estar sempre tranqüila. Meditai, porque ouvir sem meditar é guardar pouco do que foi semeado. Cuidai para que a semente da Fé, uma vez lançada, seja sempre regada com vossa meditação que é o clarão a iluminar vosso raciocínio.

A bênção da Mãe do Alto,
Maria de Nazaré

União pelo amor

O amor verdadeiro, filhos queridos, é o elo que vos mantém unidos através dos séculos àqueles a quem amastes. Este vínculo amoroso é que faz com que muitos sintam grande vibração ao ver e acompanhar minha imagem em procissão, e alguns apenas ao me imaginar em suas mentes, ou ainda ao sentir-me em seus espíritos. Este elo de amor que uma vez vos uniu ao meu coração vos mantém até hoje presos a este sentimento, despertando grande vibração e porque não dizer, aos mais sensíveis uma grande saudade.

Sim, muitos de vós me viram, me conheceram, caminharam comigo até o último de meus dias na Terra como Mãe de Jesus. Muitos de vós comigo compartilharam da dor da separação de meu Amado Filho, quando preso ao madeiro, libertou-se para a Sua vida espiritual e pura, retornando ao Pai que Ele tanto amou e por quem tanto pregou.

Naqueles dias filhos, eu ainda não me elevara ao ponto de me ver livre do sofrimento e da dor de ver um filho tão amado ser injustiçado pelos homens que tanto amava. Mas, assim que Ele partiu, novamente a luz se fez em meu espírito pois, após um longo período de voluntária reclusão, para meditar e procurar compreender muitas das coisas que haviam acontecido, perante as quais eu havia sofrido, a luz se fez, não mais em forma física, mas espiritual e bela do meu Filho tão amado que vinha me ver, que se mostrava a mim resplandecente de graça, de luz e que me dizia: "Caminha Mãe, para que tua própria luz se torne maior e venhas de volta aos céus, já na representação de Mãe Maior, não minha Mãe, porque nada posso ter de meu, mas Mãe desta humanidade pela qual tanto lutei para salvar e pela qual desejo que lutes também, que salves também. Seremos dois em um, como as duas polaridades do Universo, unindo suas vibrações pela salvação desta humanidade que se torna cada vez mais sofredora".

E deste momento em diante, eu passei a me interrogar e ansiar pela forma com que poderia subir bem rápido e me unir à luz de meu Filho. Porém filhos, muitos foram os anos que ainda tive de viver e assim conviver com muitos e dessa forma, conviver com todos e só assim, vivendo, é que eu poderia aprender a ampliar aquele amor que eu dera a meu Filho, compreendendo o que Ele desejava de mim; que eu aprendesse a amar a todos.

Teria de cumprir-se em mim os desígnios do Pai, que esperava por aquela a quem dera a missão de transformar-se na parte feminina de Sua Criação para completar a união perfeita de dois puros amores a serviço da humanidade por Ele, Pai, criada.

E assim filhos, muito tive de viver até que o grande dia chegou e liberta do corpo, pude ver o espírito de luz de Jesus, que agora para mim significava condições da união que eu já tanto ansiava, para poder com Ele, vos dar todas as graças que vos dou com amor.

Lembrai-vos filhos amados, que eu e Jesus somos um na espiritualidade. Sua vontade é a minha e a minha vontade é a Dele, nesta união perfeita de forças que se unem para cumprir uma missão dada pelo Pai, pelo grande amor que vos devota, porque sois a Sua Criação.

Aprendei a amar a todos e um dia vos veremos nesta escalada de luzes multicores que envolvem a Terra, distribuindo a sua vibração que busca forças na Nossa Vibração.

A bênção da Mãe do Alto,
Maria de Nazaré

O primeiro marco em vossa existência
Quinze Anos

Já fostes sementinha, já fostes uma gracinha, agora sois um lindo botão desabrochando.

Cada pétala foi colocada em seu devido lugar para dar mais beleza e graça à florzinha nova que surge em lar de harmonia. O colorido de cada botão é particular e peculiar a cada um que vai surgindo.

Esta vida, que desabrocha cheia de esplendor, veio para trazer a seu lar e a seus pais, uma grande alegria. A cada dia que passa, o botão se vai transmutando até se transformar em rosa colorida.

Cultivai vossos botões com muito amor, pois que eles serão as rosas de amanhã. Cuidai de lhes dar muito amor, pois que este será o amor que eles terão para dar amanhã.

Dai a eles segurança, pois que esta será a segurança que eles terão para dar a um mundo cheio de incertezas. Da construção deste presente, na forma de botão de rosa, dependerá a formação das rosas de amanhã.

Colocamos a rosa nesta mensagem, como símbolo de uma nova família. Esta família deverá estar bem preparada para distribuir todo o amor que recebeu, toda segurança e toda a proteção, porque aprendeu a dar quando recebeu. Estas rosas bem formadas se unirão e formarão no futuro a Grande Família Universal. Um grande canteiro, cheio de graça e beleza, um canteiro onde todas as rosas e botões falarão a mesma linguagem de amor, de doação, de igualdade.

Assim, cuidai de vossos botões hoje, fazendo-os compreender a grande importância que terão no amanhã. Mas, por favor, não jogueis sobre eles tanta responsabilidade, sem antes regá-las com vosso suor de dedicação, com vossas lágrimas de amor, com todo o carinho que puderdes acumular no coração para transformar-se em bênçãos, que lhes servirão de impulso a uma caminhada com passos fortes e seguros.

Amparai estes caules tenros para que eles saibam e possam sustentar estas flores que enfeitam vossa visão. Sabei cuidar da atmosfera que os cerca, para que o oxigênio puro não falte à sua respiração, tornando difícil o seu desenvolvimento.

Jardineiros que sois de vossos jardins na Terra, vossa família, hoje figurada em rosas, se transformará, se bem cuidada, em belo parque onde todos encontrarão lazer para a alma, beleza para os olhos, tranqüilidade para o espírito.

Aqui do Alto abençoamos a todas as crianças que surgem em desabrochar de primavera, cuidando de lhes proporcionar condições a uma vida melhor, bastando que se mantenham unidas a nós através da oração.

Vinde juntar-se a nós, a todo colorido belo do Universo, através desta vibração amorosa do intercâmbio dos vossos corações com o nosso.

A bênção da Mãe do Alto,
Maria de Nazaré

Não guardeis segredo para com aqueles que vos amam

Filhos amados, não guardeis segredos para aqueles que vos amam. Não guardeis vossas alegrias ou mesmo aquilo que sabeis será alegria para os que vos amam. Vós viveis acostumados a conviver com pessoas que vos amam, dentro da maior tranqüilidade, da maior liberdade. Assim sendo, ao chegar em casa cansados ou aborrecidos, não regateais em despejar vossas mágoas naqueles que estão mais próximos e que, em geral, são aqueles que vos amam. Eles vos ouvem, choram, entristecem-se. Vão para um cantinho da casa e muitas vezes, a maior parte das vezes, vós nem sabeis que eles vão para estes cantinhos a fim de rezar por vós, de pedir a ajuda para vossos problemas que passaram a ser os seus problemas. Através da prece, surgem as soluções e ficais admirados, por vezes, outras vezes nem notais que tudo o que ocorreu foi para vosso bem, para vossa iluminação. Não podeis compreender o milagre da fé, porque não participastes dela, não participastes da oração ao Pai, mas participastes das soluções. Agora, quando se dá o contrário, esposos, esposas, filhos ou pais, vós silenciais e guardais só para vós, uma realização, uma conquista ou mesmo algo que, embora não vos seja de inteiro agrado, o será para aqueles a quem amais. Não permitis que eles se alegrem após haverem tanto orado, tanto sofrido, tanto se preocupado.

Filhos amados, sede mais piedosos, mais companheiros, mais humanos. Levai para vossas casas, não somente as dores, mas principalmente as alegrias. Levai para vossas casas, notícias que vos tragam vibração de harmonia e ireis aprendendo e constatando que vossa vida será uma vida de muito mais alegria, de muito mais harmonia. Abri vosso coração para os que vos amam, abri vossos corações a uma vivência de maior cordialidade. Senti realmente a Paz no lar, porque amor, família, só é completa quando, tanto dores quanto alegrias, podem ser compartilhadas em comum, podem ser divididas. Dividi o peso

de vossas dores, mas dai também a leveza de vossas alegrias para alegrar aqueles que vivem para vos amar.
A bênção da Mãe do Alto,
Maria de Nazaré

Servir ao todo

Preparai-vos para servir ao todo. O todo no caso a que nos referimos, é a própria humanidade. Preparai-vos para servi-la. Esquecei de agir em círculos fechados, abri vossa mente para o trabalho espiritual com o sentido do todo, e vossos horizontes se alargarão.

Não penseis que vos dizemos para deixar de cuidar de vossos parentes ou amigos, mas o que desejamos dizer-vos é que, ao pensardes em trabalhar pela humanidade, vossa mente estará se ampliando para melhor servir e os problemas que estão mais próximos de vós deixarão de ter tanto valor. Ampliai o sentido de família, tal como o Senhor vos ensinou, procurai ver um irmão em cada amigo e não um amigo em vosso irmão.

Procurai dar mais harmonia, procurai dar mais paz, sede o exemplo da paciência e todos os problemas que parecerem tão grandes se transformarão em pequenas dificuldades.

Procurai ver o mundo com mais amor. Ao vibrar amor, suas vibrações ficarão tão perto de vós, tão dentro de vós, que se transformarão em amor para vós mesmos. Procurai mentalizar a Harmonia e esta harmonia cada vez mais ficará gravada em vossa mente física e, principalmente, em vossa mente espiritual. Procurai vibrar e irradiar o Perdão e estas vibrações retornarão ao vosso ser e também sereis perdoados. Vibrai mais longe, com mais vontade e, de tanto vibrar elevação e pureza, transformar-vos-eis em pequenas luzes que, unidas, iluminarão o caminho de muitos e os vossos próprios caminhos.

Compreendeis agora que, ao vos dizer para cuidardes de servir ao todo, era para que compreendêsseis que quanto menos vos preocupardes convosco ou com quem está perto de vós, mais sereis beneficiados.

A Paz da Mãe do Alto,
Maria de Nazaré

Meditação

A meditação é a chave que abre vossas mentes a toda espécie de intuição. Se criardes o hábito tão belo de meditar, compreendereis melhor cada parábola dos Evangelhos. A mesma parábola, o mesmo trecho analisado pela meditação, vos dará a cada dia, a cada minuto em que for consultado, uma nova orientação, uma nova beleza.

Meditai em vossos próprios atos e palavras e passareis a dizer menos coisas inúteis e a fazer uso da palavra, da forma como o Pai espera que a palavra seja usada pelos homens.

Usai da meditação para encaminhar vossos filhos, para aconselhar vossos familiares. Meditando, estareis mais em condições de compreendê-los, amá-los, perdoá-los. Meditai nas vossas ações e vos agitareis menos desnecessariamente. Aprendereis a acumular as energias que desgastais tão facilmente.

Meditar é criar raciocínio lógico, é errar menos, é agir com mais tranqüilidade em face a problemas que se agigantam por faltar a necessária paz para enfrentá-los.

Meditai antes de tomar qualquer resolução; mas meditai profundamente. A meditação é pacífica, é medianeira entre a mente do homem e o cérebro divino. Meditai para errar menos e acertar mais.

Meditai, finalmente, que o Pai não se compraz em ver-vos sofrer. Ele vos dá uma mente para que possais evoluir e caminhar para Ele. Vossa felicidade surgirá na medida que caminhardes para o Pai com passos seguros e firmes, passos que só serão assim firmes, se cheios de Fé. Até mesmo a Fé, para brotar em sua totalidade, é preciso ser meditada.

Deixará de existir segredos para o Ser que, fazendo uso da meditação, encha seu espírito de Fé. Caminhai para o Pai que vos oferece tudo para crescerdes, que vos oferece tudo para chegardes a Ele mais depressa. Pela morte? Pensarão alguns. Não, filhos, não é pela morte que se chega ao Pai, mas pela vida. Vida reta, vida cheia de equilíbrio, cheia de meditação. Não será pela morte que chegareis ao Pai, mas por vossas ações meditadas, vossas palavras cheias de amor e de fé.

Nascei para o Pai todos os dias e nunca morrereis para o Pai ou para vós.

A bênção da Mãe do Alto,
Maria de Nazaré

Paz em vossas casas será paz no mundo

Sede a paz em vossos lares, sede Paz em vosso ambiente de trabalho, junto a todos com quem conviverdes e sereis Paz para o mundo.

Construís vossas moradas, vossas vidas, viveis para vossos ideais, mas geralmente voltados mais para o lado dos interesses materiais.

Lembrai, filhos, que viveis construindo castelos de areia, do ponto de vista da vida transitória e curta, estais verdadeiramente construindo castelos de areia, pois que tudo pode ser destruído por vendavais, ou mesmo pelo tempo.

Vivei vossas vidas e vossos ideais como coisas materiais e normais, preocupai-vos com vossos anseios de conforto, mas preocupai-vos mais um pouco com a construção de vossa morada espiritual. Preparai vossa morada espiritual para em vosso regresso ela estar limpa, harmoniosa, cheia de luz. Preparai vossa caminhada nos planos que vos parecem os da fantasia e que são os verdadeiros planos, onde as coisas não estão sujeitas à ação do tempo, que em altas rotações nada destrói.

Construí vossas amizades sinceras na Terra, cuidai de vibrar pelo bem daqueles que conhecerdes agora, pois que estes se unirão à legião de espíritos amigos que já fazem parte de vossa família espiritual. Estes amigos, em revezamento constante, estão sempre vos esperando no plano de vossas moradas espirituais.

Sede a paz em vossos lares terrenos, elevai vossos ideais para bem servir e um dia sereis a paz no mundo e em todos os Planos onde conseguirdes chegar.

A bênção da Mãe do Alto,
Maria de Nazaré

Buscai a vossa luz e subi

Buscai a vossa luz e subi, descobri a vossa música e elevai-vos. Procurai a vossa Paz e vos transformeis em harmonia. Subindo, crescendo em vossas vibrações, recebereis mais força; subindo em vossas vibrações, recebereis mais inspiração. Transformando-vos em Paz, sereis Amor.

Vinde filhos queridos, subi para as purezas que desconheceis. Vinde que vos esperamos todas as noites, quando vosso corpo adormece. Vinde unir-vos às legiões de trabalhadores que lutam e se empenham em burilar vossos espíritos, em vos transmitir ensinamentos.

Vinde a esta viagem ao Mundo Invisível aos olhos do corpo, mas não invisível aos olhos do espírito. Abri bem vossos olhos espirituais, apurai vossos ouvidos e guardai bem tudo o que vos sopramos durante o sono do corpo.

Vinde, filhos queridos, porque vos faremos também encontrar aqueles que amais e que partiram para o "Mundo Invisível". Aguçai vossa percepção, para despertardes com a lembrança daquilo e daqueles com quem vos encontrastes e dos ensinamentos recebidos.

Vinde, filhos queridos, não espereis somente que possamos descer até vós; será muito mais belo, quando, por vosso esforço e evolução, puderdes subir até nós. Vinde, que vos esperamos de braços abertos, em planos mais próximos, até que possamos mostrar-vos os Belos Planos, Planos da Paz Verdadeira, da Absoluta Harmonia, que só descerão até vós, quando resolverdes subir até nós.

A bênção da Mãe do Alto,
Maria de Nazaré

O infinito

Por vezes, filhos queridos, vosso objetivo parece só ser alcançado no Infinito. Olhais em volta e não encontrais sequer uma esperança; olhais em frente e lá está o Infinito, tranqüilo, passivo, completamente parado na linha do horizonte tão distante. O Mestre vos falou da Fé do tamanho do grão de mostarda. Aí está a dificuldade, filhos; este é o empecilho às vossas realizações, grandes ou pequenas. Colocais, em tudo, a barreira do medo, da incredulidade, da desconfiança. Tendo pena de vós mesmos, deixais de socorrer aqueles que realmente sofrem.

Procuramos ainda hoje, compreender que é difícil para vós, ver problemas maiores que os vossos, mas se conseguirdes sair desse quarto pequeno, desse compartimento fechado de vossas mentes, aí então ireis ver que novos horizontes se abrem como caminhos à esperança, como caminhos à coragem que vos incentivará a ter mais confiança e mais fé.

Esta abertura a novos horizontes, só poderá dar-se para aqueles que a buscarem, para aqueles que fizerem por onde abrir suas mentes para a compreensão da Justiça Divina. Difícil se torna ajudar aos homens, quando eles verdadeiramente não querem ser ajudados.

Para alguns, grandes problemas se transformam em pequenas dificuldades, para a maioria, pequenas dificuldades se transformam em grandes problemas.

Nos templos religiosos se dá sempre a chegada dos que estão aflitos e a partida de alguns que, ao verem suas dificuldades sanadas, vão embora sem dar seu testemunho. Gostaríamos de poder reunir a um só tempo, os que chegam aos que partem, fazendo, aos primeiros, a prova de que graças acontecem e que um dia talvez estejam também partindo com o coração renovado e em festa, a festa da realização de seus ideais.

Seria muito, pedir que todos chegassem com esperança, antes de verem os resultados de sua Fé e seria muito pedir aos homens que não partissem sem dar seu testemunho de vitória junto às Forças do Bem?

Mas, filhos, o Infinito que hoje vos parece tão distante, já se aproximou como Luz para muitos; aguardai a vossa vez. Enquanto isto, aqueles de maior Fé e boa vontade continuarão com o testemunho de suas presenças em correntes de Fé para aumentar a vossa Fé. Quando fizerdes parte dos que possuem boa vontade e Fé, estareis tão perto do Pai que vossas dores parecerão sempre pequenas.

A bênção da Mãe do Alto,
Maria de Nazaré

Vivei e deixai viver

Imaginai, filhos queridos, que vossas moradas estão em meio a um Mundo conturbado. À vossa porta espreitam dificuldades que surgem como inimigos a penetrar-vos a vida, trazendo a desarmonia e a incompreensão. Cuidai de manter vossa porta bem fechada. Mas quem poderá segurar vossas portas, impedindo que penetre a discórdia que traz a escuridão? Eu vos respondo: somente vós mesmos podereis segurá-la. Somente vós mesmos podereis vigiá-la, vigiando vossas próprias ações.

Viveis em meio a vossas famílias, quer grandes, quer pequenas. Assim, é que venho lembrar-vos, "vivei e deixai viver". Sede o exemplo, vede bem que vos digo, o exemplo de tudo o que é correto e bom. Sede a Paz e a harmonia, para serdes o espelho onde irão se mirar vossos esposos, vossas esposas, vossos filhos ou vossos pais. Enfim, assim especifico, para vos lembrar que numa família, o esforço deve surgir de todos. Desta forma, todos serão beneficiados, todos receberão compreensão, todos receberão amor, todos serão respeitados.

Já pensastes na importância do respeito entre todos, no cuidado de não ferir-vos uns aos outros? Deste esforço e desta compreensão entre todos, surgirá a luz da Paz. A harmonia reinará no coração daqueles que não desejarem somente viver, mas também deixar que outros vivam.

Compreendei, filhos queridos, que estais unidos a famílias que, a exemplo da Sagrada Família, deve pautar seus atos em servir a todos, mesmo, por vezes, fazendo uso de sacrifícios no cumprimento de missões; por vezes dando-vos mais aos outros, lembrando-vos mais do todo no sentido do bem Universal. Somente assim, imitando a Sagrada Família, encontrareis forças para a renúncia, quando necessária, para o desapego e até para a dor.

Vivei em harmonia e a Luz Maior penetrará vossas moradas terrenas para sempre. Se assim não agirdes, sendo mansos como os cordeirinhos dos campos, não estareis em condições de sustentar a porta de vossas moradas. Vivei e deixai que vivam para o Bem e todo o mal ficará de fora, apenas como um aviso, para que vigieis hoje e sempre, cada vez mais:

A bênção da Mãe do Alto,
Maria de Nazaré

Verde que se faz tão verde

Verde que se faz tão verde para trazer a sua vibração de Paz. Afastai todos os outros coloridos que não sejam de paz, para que possais usufruir deste verde.

Assim, como as cores têm sua própria vibração, assim também vossos pensamentos se cobrem e por vezes de tonalidades tão desagradáveis, que vos afastam do nosso convívio. Procurai vibrar coloridos amenos e belos em vossa mente, coloridos que sejam iguais às vibrações de vossos pensamentos.

Quando pensais em azul, imediatamente as entidades que vibram no azul se fazem presentes, assim como todas as outras entidades que vibram dentro das outras cores também se fazem presentes quando evocadas. Fazendo-se presentes, aumentam em vós o teor de força vibratória, ajudando-vos a crescer mais. Cada cor por vós irradiada, vai mudando de nuances, aclarando-se a princípio, iluminando-se por fim.

Sim, filhos queridos, todas as cores de vossas vibrações podem iluminar-se e, assim, tornarem-se mais puras, mais elevadas, mais perto do Pai.

Digamos que, à volta do Pai, brilham as cores do arco-íris e, à medida que estas cores se vão afastando Dele, perdem em brilho e beleza. Cada vez que cresceis em espírito, vibrando cores mais puras, vos aproximais das cores mais belas que estão perto do Pai.

Imaginai, então, quando conseguirdes pensar em branco, branco que começa apagado, depois vai se iluminando e tornando-se radioso. Quando assim conseguirdes pensar, estareis no Pai e não perto Dele somente.

Afastai, peço-vos, toda possibilidade de pensar em negro, pois as cores escuras traduzem pensamentos tenebrosos, que não gostaria de ver na mente de meus filhos queridos.

Não vos falo do que ocorre quando pensais em negro, pois que esta imagem será muito facilmente imaginada por qual-

quer dos viventes deste planeta Terra. Prefiro pedir-vos, suplicar que busqueis o branco em vossa mente, como meta final que todo ser deve almejar alcançar.
  Por hoje ofereço-vos o verde da Paz. Deixai-vos penetrar por ele e durante toda a semana ide fazendo que este verde se torne mais belo, mais brilhante, mais Paz!
  A bênção da Mãe do Alto,
  Maria de Nazaré

A vidência

A vidência, filhos queridos, ainda é uma das faculdades mais dificilmente encontradas entre os viventes da Terra, no sentido da perfeita nitidez. Aqueles que a possuem criam dificuldades e se preocupam com coisas que não têm valor real. Lembrai que, na última mensagem, falei-vos da vibração das cores do arco-íris, explicando que, quanto mais evoluirdes, mais belas as cores serão vistas. Imaginai que existem a vossa volta uma infinidade de cores e vibrações de planos interligados por várias faixas vibratórias. O cérebro do homem vem evoluindo de forma muito particular, individual, através de uma seqüência de vidas, neste e noutros planetas.

No caso da vidência, para que todos pudessem ver os mesmos quadros ou imagens a um só tempo, seria necessário unir a freqüência de todos os cérebros dentro da mesma faixa vibratória.

Viveis muito acostumados a olhar para dentro de vós mesmos a viver seus próprios problemas. Poucos são os que vivem realmente preocupados em ajudar ao próximo. Mesmo assim, vejamos o que por vezes ocorre; duas ou mais pessoas vibram na mesma faixa e nesta oportunidade conseguem ver as mesmas coisas ou captar mensagens com temas parecidos. Isto se dá quando os ambientes se acham bem fortificados e elevados pela vibração dos presentes, possibilitando aos trabalhadores do Espaço criarem a atmosfera necessária a uma vidência coletiva. No mais, o que ocorre, é cada um penetrar uma determinada faixa, alcançar determinada nota e vibrar em harmonia com o plano que conseguiu alcançar sozinho. Ao despertar do êxtase, procura saber se alguém mais viu o que ele viu, ou sentiu o que ele sentiu, o que dificilmente poderá acontecer.

Assim vos digo que o desenvolvimento da vidência é bela prática, que serve mais ao vosso próprio desenvolvimento e, assim sendo, prescinde de comparações. O êxtase que vos leva a planos superiores deve ser, por vós, aproveitado, de preferência no silêncio, externo e interno, pois que vosso espírito estará aprendendo a voar, a dar grandes passos no infinito e poucos serão os que vos compreenderão.

O Pai vos dá os sentidos do corpo e os sentidos da alma para que possais chegar a Ele, quietinhos, com muita Paz.

Quando for muito necessário o vosso testemunho, quando for para auxiliar, falai, do contrário, exercitai-vos no silêncio, vosso maior aliado na união com as faixas mais delicadas do Espaço que vos cerca.

A bênção da Mãe do Alto,
Maria de Nazaré

Amar ao próximo

Como filhos queridos podereis amar ao vosso próximo se não aprenderdes a amar a Deus? Compreendei, profundamente, as palavras de Jesus. Ele vos ensinou que sois partículas do Pai, por Ele criados através de um pensamento. A mente criadora do Pai vos criou e aos Universos que vos serviriam de morada. Deveis aprender a amar todas as coisas por Ele criadas, amando-O assim, acima de tudo. Para louvá-Lo, amai-vos em primeiro lugar, sendo esta vossa primeira responsabilidade perante o Criador; louvar Sua existência Divina em vós. Louvai e amai também vossas dores e vossas lutas, provando que em vós penetrou a Sua força maior e Lhe destes uma morada de glória. Louvando a Deus através da própria criatura olhareis para a frente e vereis em vosso irmão, um ser igual a vós, com a mesma presença Divina e então suas dores serão também as vossas dores. Dareis a mão a vosso irmão, quando ele estiver sem condições de lutar sozinho. Vereis em vós e em todos, não simples criaturas, mas uma criatura Divina, pois que, em todos, brilha a Centelha da Divindade, a Luz de Deus. Amareis a tudo e a todos se sentides em tudo uma partícula do Criador.

Amai vosso próprio Eu com respeito e não em adoração maléfica. Amai-vos com o respeito que amais a Deus. Meditai, então, na beleza de amar a Deus sobre todas as coisas e ao próximo como a vós mesmos. Vossos ideais espirituais serão iluminados pela luz que vereis em tudo que vos cerca. Sem esta Luz, será muito triste vossa caminhada. Assim vos peço, aprendei a amar ao Pai, porque Ele vos pede este amor não em Seu benefício, mas em vosso próprio benefício.

Sentir a paz de espírito de viver com Deus na alma, em todos os seres e em toda Criação, é viver verdadeiramente feliz e realizado, forte em face a todos os embates da vida.

A bênção da Mãe do Alto,
Maria de Nazaré

Vosso corpo - vosso templo

Vosso corpo é um santuário. Este santuário possui uma porta e duas janelas. Muitos baterão à vossa porta pedindo guarida e muitos vos chamarão à janela para dar conselhos.

Recolhei-vos, filho, no interior do vosso santuário e vede a pureza cristalina que lá está refletindo a imagem do Pai dentro de vós. Mirai-vos nesta luz e procurai ver a vossa própria imagem como em um espelho, refletida como um desdobramento de vós mesmo. Mirai-vos e conversai com a vossa própria imagem. Indagai se estais agindo bem convosco, agindo bem com vossos irmãos. Se a resposta for afirmativa, ficai tranqüilo, pois vossa imagem refletirá pureza e paz. Esta paz refletida vos penetrará mais profundamente e vosso templo começará a iluminar-se.

Continuai a vossa meditação observando a vossa imagem no cristal e perguntai: Menti para alguém? Se mentistes, foi a vós mesmo que o fizestes, porque a mancha que deixa a mentira, ficará gravada em vós mesmo. Se não mentistes, se fostes correto com vosso irmão, observai, filho, que a luz refletida no cristal aumentou e o templo acendeu mais uma parte de si mesmo.

Continuai porém a contemplação da vossa imagem interior e perguntai: Já cometestes injustiça contra vosso irmão? Se a resposta for sim, vereis a vossa imagem com pesada cruz sobre os ombros, pois grande é o peso causado pela injustiça ao semelhante. Se nunca cometestes uma injustiça, se vossa resposta for negativa, olhai filho, que mais uma parte do vosso templo se iluminou. Vereis que tudo ficou belo porque tomastes consciência de vossos próprios erros ou de vossas qualidades. Se estáveis no erro, fostes despertado para vos corrigirdes e deveis iniciar de pronto esta correção. Ela pode ser rápida, dependendo da vossa vontade em ver o Templo de Deus que sois, iluminado como o Pai espera que estejam todos os templos, pois que para isto os criou, para os ver iluminados a todos.

Afastados estes primeiros defeitos, tereis aprendido a respeitar o próximo, amando-o. O amor abrirá caminho para o perdão e para todas as virtudes que vos levarão a agir bem com os vossos irmãos. Tereis abertura espiritual ampla e perfeita. Agora filho, vede como vosso templo está pleno de Luz. Observai que, aqueles que batiam à vossa porta, encontram a Luz como recepcionista maior. Encontram amparo e proteção que agradecem, cansados que chegam da escuridão de todos os pecados, do desamor, da falta de Fé. Vosso templo se iluminou e vós tendes a Luz do Amor para oferecer.

Reparei agora que, nas janelas do vosso templo, ninguém mais bateu para vos importunar. Vinham juntar suas vibrações impuras às vossas e agora vêem a Luz transbordando e não permitindo que se aproximem aqueles que vivem da maledicência, do desamor. Estes terão de, por seu próprio esforço, descobrir também o cristal dentro de seus templos e, mirando-se nele, corrigir suas faltas. Um dia, irão juntar sua Luz à vossa, para juntos, abrirem sua porta para todos.

A porta do templo, filho, é o vosso coração e as janelas, vossos ouvidos. Cuidai muito para que possais um dia juntar vosso coração àqueles que, do Alto, tanto lutam para iluminar o planeta, começando por iluminar os templos de Deus na Terra.

A bênção da Mãe do Alto,
Maria de Nazaré

A luz espiritual

Imaginai uma floresta ao amanhecer. O sol ilumina as árvores que, por mais altas que sejam, recebem e deixam passar, por entre seus galhos, a luz primeira do dia. Tudo então é revigorado e se enche de vida. À tarde, o sol começa a se esconder e tudo se prepara para o merecido repouso. Os pássaros unem-se como irmãos de uma mesma família e recolhem-se em seus galhos prediletos. Os animais também sabem que necessitam de seu repouso e adormecem. O orvalho cai iluminando a tudo e a luz da noite baixa então sobre todos os seus filhos. Para aqueles que repousaram durante o dia, descortina-se a paisagem tranqüila e iluminada da noite a seus olhos abertos. Eles vão apreciar aquilo que os adormecidos já apreciaram durante o dia. Há em toda a Criação oportunidade para todos repousarem sob inspiração divina.

O homem deveria mirar-se neste exemplo tão simples e compreender que o trabalho lhe foi sugerido há milênios, como condição essencial à sua sobrevivência, mas que, paralelo ao trabalho, foi criado o repouso, para dosar suas atividades físicas e mentais em favor destas próprias atividades. O repouso se faz necessário para que todos possam recobrar energias desgastadas e desta forma, tudo funciona dentro da lei do equilíbrio, trabalho e repouso, fadiga e descanso. Não vos falamos da indolência, que é falta grave, pois que o Pai vos oferece recursos para exercitardes vossa vontade, vossa determinação, vossa capacidade de criar. Será errado ficar inerte frente a tantas dádivas que recebestes do Pai. Falamo-vos hoje de repouso, isto filhos, porque sabemos que, repousando, vosso trabalho renderá mais. O cérebro refeito, produz em dobro. Meditai em dosar vossas atividades físicas e mentais. Poupai-vos, não sofrendo por antecipação. Tende fé e sofrereis menos, certos de que tudo vemos e ouvimos e agimos sempre em vosso favor, pois que esta é nossa alegria, lutar para fazer-vos mais felizes, mais alegres.

Sede como a floresta que desperta para a vida todas as manhãs, mas que sabe repousar para renovar energias.
Recebei este recadinho nosso no dia de hoje como prova de nossa constante preocupação convosco.
A bênção da Mãe do Alto,
Maria de Nazaré

Sede úteis

Muitos choram — dai vosso sorriso
Muitos sofrem — dai vossa esperança
Muitos lutam — dai vossa colaboração
Muitos caem — dai vossa mão

Ajudai, filhos amados, aqueles que ainda não encontraram a Deus. Ajudai para que o sofrimento se afaste de cada um e ao final, de todos. Ajudai propagando as Verdades Divinas que são tão simples. Ajudai praticando a Bondade Divina que é tão pura. Colaborai nesta preparação de fim de ciclo, dizendo a todos que nem tudo está perdido, que vale a pena lutar, que vale a pena amar. Amar a quem? Perguntariam alguns. Amar a luz, amando as sombras que realçam esta luz; amar aos animais, amando a Criação. O planeta também sofre e aguarda vosso concurso amoroso. Ele está chorando junto a aqueles que choram; Ele está caindo com aqueles que caem. Ele também espera que vossas mãos amigas O ajudem a recuperar-se. No momento Ele está como coisa perdida no Universo, implorando ajuda, clamando justiça para seu Ser Cósmico. Senti o quanto sois responsáveis por Ele. Senti o quanto Ele depende de vós e quanto dependeis Dele. Sede gratos à doação que o Pai vos faz através de toda a Natureza que vos cerca com seus frutos sagrados. Sede gratos e parai de chorar. Descruzai vossos braços e aprimorai vosso melhor instrumento de trabalho — vossa mente — esta é vossa principal dádiva que o Pai espera seja bem utilizada por vós. Usando-a, ela dará força às vossas mãos, impulso às vossas pernas, coragem ao vosso corpo. Sede uma máquina a serviço da Divindade, ajudando-a na reconstrução do planeta e os beneficiados serão aqueles que, parando de chorar e lamentar-se, deixarão de criar vibrações negativas e tristes que passam a envolver os menos cuidadosos.

Sede a luz em vosso planeta, anunciando que o dia da vitória será belo para aqueles que lutarem com amor. Abri vosso coração para o Pai pedindo forças e imediatamente a força será vosso escudo, vossa salvação. Lutai filhos e estaremos atentos para colaborar convosco.

A bênção da Mãe do Alto,
Maria de Nazaré

As voltas que o mundo dá

O mundo gira, mas ninguém se dá conta deste movimento. No espaço de tempo relativo a cada volta, muitas coisas acontecem, mas também ninguém dá valor a este tempo. Mas venho dizer-vos que o verdadeiramente importante é que, nestas voltas e neste tempo, o mundo caminha para frente.

Caminhai vós, certos de que, assim como as voltas que o mundo dá são tão necessárias ao equilíbrio do planeta, as voltas que derdes serão também necessárias à evolução de vosso espírito. Se o mundo parasse de girar, seria o fim de tudo, assim como o vosso retrocesso espiritual seria o caos para vosso espírito.

Mesmo sofrendo ou chorando, caminhai, pois que tudo podeis fazer caminhando e, desta forma, nem as dores, nem as lagrimas se acumularão, tudo ficará para trás.

Nada pára na Criação e ela é sábia, já que provém de Deus.

Não penseis que tudo está perdido, pois que não é assim, o mundo caminha e em suas evoluções terá renovadas surpresas e renovações.

O merecimento funciona de acordo com a Lei, tanto para as coisas boas, como para as más. Tudo o que acontece está vinculado a esta Lei de merecimento. Assim como ninguém se lamenta por receber uma graça, por ter uma vida agradável, não deveria também lamentar-se ao receber provas e lutas. Estas surgem para tornar os horizontes mais claros, limpando a escuridão das trevas que foram acumuladas pelos homens e pelos planetas em função dos homens que o habitaram.

Procurai compreender a Lei do Pai e ajudai-vos ao invés de lamentar-vos. Ajudai-vos, ajudando ao planeta que vos serve de morada. Onde há lutas, elas existem por culpa dos homens e não de Deus. Onde há provações, elas existem em função da Lei cármica que existe para vossa purificação. Assim, tudo é perfeito porque o equilíbrio do Pai não permite que coisa alguma pare, faz com que tudo caminhe e nesta caminhada, ou nestas voltas, está vosso caminho para as moradas floridas, para as moradas de verdadeira paz.

Continuai a distribuir amor e este amor será a mola a impulsionar os desígnios de Deus para que sejam cumpridas as Leis em menor prazo para vossa alegria eterna.

A bênção da Mãe do Alto,
Maria de Nazaré

A última vez

Quando pensardes em fazer algo pela última vez, lembrai que isto não existe na espiritualidade. Não para vós que credes em Deus, não para vós que credes em renovadas experiências terrenas. Nada será fatalmente feito pela última vez nesta seqüência de renovações que é a vida. Pensai por exemplo que em relação ao perdão, Jesus vos ensinou que deveis dá-lo muitas vezes se quiserdes ganhar o Reino dos Céus. Jamais dizei: eu vou perdoar pela última vez, pois que se assim fosse, teríeis também uma única oportunidade de serdes perdoados pelo Pai e pagaríeis eternamente por uma falta grave. Aprendei que sábio será perdoar muitas vezes, se necessário, já que vosso Pai vos concede no coração o amor necessário para vos impulsionar ao perdão. Um coração evoluído já consegue ver as coisas de uma forma mais bela. Se, no entanto, vosso perdão não for aceito, orai por aqueles à distância e esperai que o momento da evolução seja uma graça também para eles. A caminhada é longa e a cada um será dada toda oportunidade em tempo certo.

Uma ofensa pode ser a vossa oportunidade. Uma dor poderá ser uma oportunidade de compreensão e perdão. Segurai com força as oportunidades que vos forem oferecidas, pois que elas são presentes do Alto.

Vosso coração não deverá ter limites para perdoar, assim como para amar. Só os que amam sabem perdoar. Perdoai enquanto é tempo; amanhã estas oportunidades terão passado, deixando em vosso espírito grande lacunas que se transformarão em faltas a serem resgatadas um dia.

Se vos parecer difícil perdoar, procurai ver as questões por dois ou mais ângulos diferentes. Compreendereis que a vossa maneira de ver as coisas é diferente de ver de vosso irmão dentro da mesma questão. Assim, agi sempre dentro do equilíbrio da boa orientação espiritual e tudo se transformará em manso lago sereno, onde todas as dores serão sepultadas, sem deixar marola. Tudo será calma e tranqüilidade quando procurardes aceitar vossos irmãos como verdadeiros irmãos que sois perante o Pai.

A bênção da Mãe do Alto,
Maria de Nazaré

Gratificação

Desde que o Ser Humano começa a compreender as coisas, um desejo lhe toma a razão: o da gratificação de todos os seus atos. Nada mais fará sem pensar numa forma de gratificar-se por aquilo que fez.

Os pais ao receberem um filho, logo pensam: quando ele crescer irá fazer por mim tudo o que agora faço por ele. Ao envelhecerem, os que assim pensam, irão cobrar e, por vezes, em dobro, até o carinho que não deram. Ao ajudar um amigo em necessidade pensará também: amanhã, quem sabe, irei precisar dele e este pensamento é que o impulsiona a servir ao amigo. As crianças, ao emprestarem um brinquedo, o farão ensinadas por seus pais, que outro brinquedo lhes será emprestado em troca daquele. O egoísmo começa a criar raízes na alma daqueles que assim forem conduzidos.

Assim, filhos queridos, eu venho lembrar-vos que, pensando em gratificações futuras, deixais de receber as verdadeiras gratificações que são aquelas vividas e recebidas por vós no momento exato em que tantos fatos se dão, sem vos aperceberdes deles. Das crianças recebereis a gratificação de vosso amor no mesmo instante que a dais, em sua dependência, em seu sorriso, em seu bem-estar, na alegria enfim que sentireis em ajudá-las a crescer. Gratificai-vos em saber que todo o bem que fizerdes, lhes servirá de formação no futuro para uma vida feliz. Meditai que vossa alegria será vê-las felizes e não em cobrar gratidão que já recebestes em sua simples presença ao vosso lado.

Ao ajudar um companheiro de trabalho, ficai felizes em ver que tudo o que pudestes fazer por ele, redundou em benefício que vos reconfortará a alma. O Pai vos mostrará a ventura do bem pelo bem.

No empréstimo de um objeto, gratificai-vos com a ventura que conseguireis emprestar. Vêde bem que vos falo da felicidade que estareis emprestando a seus companheiros, enquanto

que o Pai não vos empresta a felicidade, vos dá.
Não exijais dos outros gratificação por algo que tiverdes feito, pois, toda vez que praticardes o bem, sereis imediatamente gratificados pelo próprio bem.
Gratificai vossos espíritos, sentindo o amor de Jesus que nada vos pede em troca, mas que se dedica a ensinar-vos a ventura de viverdes felizes e em paz, vendo a vida com mais simplicidade.
A bênção da Mãe do Alto,
Maria de Nazaré

O futuro

Cuidai de vosso momento presente, porque do vosso futuro, do futuro do planeta Terra cuidará vosso Pai. A vós, filhos queridos, cabe unicamente usar dos recursos que vos chegarem às mãos para transmitir tudo de bom que conseguirdes assimilar. O vosso presente já foi criado há muito e meditai que nada vos falta, pois possuís tudo o que mereceis. Mesmo as dores que tiveram raízes no passado, portanto tudo o que vos chega hoje, não fez parte de vossas preocupações de ontem, mas de vossas ações de ontem.

Lutai, lutai muito por vossos dias presentes, certos de que tereis já muito a fazer. Deixai o futuro para vosso Pai que certamente saberá a quem entregar as boas novas, os novos acontecimentos. Mestres Sublimes virão para uma humanidade sublimada. Amor, mais amor virá para civilizações mais amorosas. Preparai vossos filhos para que saibam esperar, propagando a eles as verdades de hoje. Deixai que fórmulas novas cheguem a seu tempo, pois só estarão capacitados para compreendê-las aqueles que já vieram preparados para maior sublimação e amor.

A vós, mães, dedico hoje esta mensagem, porque tanto vos preocupa o futuro, buscando adivinhações. Meditai somente nisto que vos deixo; preparai-vos para serdes o exemplo do amor, da virtude e do perdão e de todas as máximas aqui deixadas pelo mais perfeito Filho do Pai, Jesus. Preparai-vos para repetir tudo a vossos filhos, pois que se estes encontrarem em vós só o amor, o perdão e a justiça, saberão recordar em seus cérebros espirituais, que aqui desceram uma vez mais para pregarem e exemplificarem estas virtudes. Eles necessitam de vossa ajuda para despertar compromissos elevados. Plantai suas alminhas em terreno bem adubado por vosso amor e compreensão e dareis a estas crianças condições para servirem ao Pai como Ele deseja ser servido. Quantas plantinhas puras descem à Terra em forma de corações humanos e não encontram condições de crescer e vicejar como necessitariam, porque à sua volta encontram a discórdia, a incompreensão, a injustiça por vezes. Que podem fazer estas tenras plantinhas para espargirem o seu perfume? Nada, e chegam algumas a fenecer em decorrência da falta de oxigênio espiritual, das condições favoráveis ao seu pequenino ser. Ajudai a estes que formarão um mundo melhor, fortalecendo seus espíritos e, então aí estará a vossa participação neste futuro que tanto vos preocupa.

A bênção da Mãe do Alto,
Maria de Nazaré

Tempo

Todo o tempo, filhos amados, que vos é limitado ou induzido na Terra, também faz parte de uma programação por parte de vosso Pai, para que possa haver ordem, consideração para com vossos afazeres, que, enquanto na Terra, não são poucos. Todos viveis ligados aos vossos trabalhos particulares, ao respeito devido aos vossos familiares e, sem tempo pré-determinado para vossas funções, pouco conseguireis realizar.

Agora vos falaremos do vosso tempo ilimitado, do vosso tempo na espiritualidade, ele é imenso, ele é todo vosso porque para este não haverá empecilhos. O tempo na espiritualidade pertence a todo ser humano, na hora de sua prece, de sua meditação, de seu sono. Reparai que este período importante em vossas vidas, embora ainda limitado ao vosso tempo na Terra, já começa a vos anunciar o vosso tempo no Espaço. Tereis vós, dado o devido valor a este tempo que o Pai vos oferece? Será que tivestes ocasião de meditar sobre tão importante fato? Filhos amados, gostaria de agora vos dar este tempo para meditar e assim melhor aproveitar todo o carinho que vosso Pai vos dá com muito amor, o vosso tempo para amar, para vos aperfeiçoardes em trabalhos que já vos irão ligando à pátria para a qual tereis de partir um dia. Sabei aproveitar vosso tempo e, quando vossa hora abençoada soar no Espaço Infinito, partireis felizes, fazendo de vossa saudade uma ligação de amor e não de tristezas.

Aprendei a limitar vosso tempo na Terra, sabendo antecipadamente que não haverá limites para o tempo na espiritualidade, quando então sereis inteiramente livres para vos ligardes ao Pai, Elo Infinito de bondade e amor que tudo vos dá para vosso próprio bem.

A bênção da Mãe do Alto,
Maria de Nazaré

Consciência do caminho

Não há no Universo uma só e simples pedrinha, um só grão de areias nas praias, uma só criatura que não tenha perante o Pai, o seu lugar pré-estabelecido em meio a todas as coisas. Assim, repetimos que nada surgirá em vosso caminho que não esteja previsto. Tudo terá sua hora, seu momento. Porém, o mesmo Pai deu-vos junto às responsabilidades, uma consciência para alertar-vos, um pensamento para discernir entre o bem e o mal e, desta forma, deu-vos condições para através vosso esforço e, com a paz adquirida por uma perfeita ligação com o Alto, diminuir, retirar ou anular tudo o que vos possa parecer pesado demais. O Pai, que tanto vos ama, carrega convosco a vossa cruz, assim como carregou com Jesus a cruz da salvação dos homens. Vosso calvário também chegará ao fim e será vossa libertação, aquela que Jesus vos provou quando libertou-Se de Sua cruz. Toda cruz passou a ser para os seguidores de Cristo, o símbolo da libertação, o símbolo da subida para Deus, para a pátria espiritual.

Confiai, filhos queridos, pois não caminhais sozinhos. O Pai está sempre presente em todas as vossas lutas e quando Suas vibrações mais suaves não vos envolvem como desejais, não terá sido por Sua culpa, mas sim por vossa culpa. Quando vos deixais envolver por vibrações negativas, impedis a aproximação da Luz. Bastará um momento de raciocínio e arrependimento para que a escuridão se afaste e a Luz do Pai vos penetre. Um momento de prece sincera, de súplica e o Pai se fará presente de múltiplas formas; pela voz de um irmão, pelo conforto do apoio de alguém mais velho. Abri vossos olhos e ouvidos para estas graças concedidas como auxílio nos momentos mais difíceis. Dia chegará quando, ao invés de pedirdes socorro, sereis vós o socorro de vossos irmãos. Isto poderá parecer muito pouco, mas vos lembro que ser o socorro de vossos irmãos é estardes penetrados pela Luz do Pai, é servi-Lo. E quem não ficará feliz de servir ao Pai? Cumpri vossas missões com coragem. Segui vossos caminhos com coragem, olhando para os lados, para a frente, mas nunca para trás. Meditai em todas as vossas decisões para que o passado não venha a vos atormentar. O remorso é para aqueles que muito erraram no passado. O vosso hoje, será o vosso amanhã, meditai mais uma vez sobre isto e cumpri vossas missões, certos de que a maior alegria de um espírito, é sentir-se em condições de servir ao Pai.

A bênção da Mãe do Alto,
Maria de Nazaré

Satisfação interior

Esta será certamente a maior procura do homem; sua satisfação interior. Porém o homem é um ser livre, criado com uma mente livre para conduzir-se pelos caminhos da vida. Este homem livre é capaz de suas determinações, seus próprios caminhos. Uma vez errando, a quem culpar que a si próprio? E por que o homem livre erra tanto? Será porque o Pai não olha por seus filhos, será que a Justiça Divina falha, dando proteção e força a alguns, negando a outros condições da mesma fortaleza?

A paz interior, filhos amados, não é construída ou conseguida em uma única vida, ela vem sendo construída através dos séculos e milênios, por esforço próprio de cada criatura, sem faltar a ajuda dos Mensageiros de Luz, enviados pelo Pai, sempre vigilante a todos os apelos. Assim, apelai filhos queridos, apelai à Justiça Divina que não falha, para que esta vos socorra, para que vos traga a Luz da purificação. Colocai vossos joelhos em terra, vossa alma em elevação, entregai vossa vontade à do Pai e deixai que Ele vos ajude. Vós tereis pedido para serdes bons, tereis pedido que vos fosse mostrado o caminho e o Pai, feliz, orientar-vos-á.

Orai muito, para que, através de vossas lutas, possais tornar-vos mais fortes e credores de maior ajuda. Lutai por vossa paz interior, clamando justiça para os infelizes, agasalho para os desabrigados. Não ireis modificar o mundo de uma hora para outra. Não ireis fazer do fraco um forte, do infeliz um realizado, mas ireis contribuir para que em futuro próximo, todos possam ser bons, todos saibam perdoar, todos saibam afastar-se das ciladas do mal, aquelas armadilhas que são preparadas para o aprendizado de vossos espíritos. Sabei lutar por um planeta melhor, pela penetração da Luz em vossa Terra, pela Paz que virá trazer alegria aos corações conturbados. Sabei lutar com a vossa força, aquela que já adquiristes através de várias vidas, aprendendo e praticando o bem. Aprendestes que, quando a humanidade cessar de vibrar isoladamente e passar a vibrar em união e amor pelo próximo, este será o dia da redenção, a chegada da bondade que o Pai tanto procura dar-vos. Aceitai a ajuda de vosso Pai Celeste, recorrei a Ele e recebereis tudo que vos falta, recebereis a Paz Interior.

A bênção da Mãe do Alto,
Maria de Nazaré

O homem forte

Homem cheio de esperança, é o homem forte. Homem cheio de amor, é o homem forte. A muitos poderá parecer que é fraco, aquele que cede. A muitos poderá parecer que é fraco aquele que não disputa, aquele que não discute. Aparentemente, vencedor é aquele que ao final de uma contenda, levanta-se orgulhoso e cheio de alegria, por haver vencido uma batalha, uma discussão, um pensamento. Estes sofreriam muito se tivessem de abandonar seus campos de batalha na condição de vencidos. Isto se aplica nos lares, nos escritórios, nas mesas onde se decidem o destino dos povos, enfim, em muitas das contendas que o homem criou para dificultar suas vidas e a de seus irmãos. Digo-vos, porém, que os fortes de hoje, são os verdadeiros fracos de hoje, de sempre.

Forte é aquele que sabe humilhar-se pelo bem comum. Forte é aquele que reconhece maior importância em sua paz interior. Este aparente fraco, saberá que o futuro a Deus pertence e que as alegrias e virtudes provindas de uma consciência tranqüila, traz a paz a todos os ambientes.

Enquanto as mentes se debatem no desejo de comando, através da luta, da discórdia, a perturbação penetra, tumultuando as decisões.

Assim, homem forte, aprendei que ser forte nem sempre é vencer repetidas vezes. Assim, homem fraco, sabei que ser fraco para os homens, é ser forte para o Pai, é ser forte para receber a paz, é ser forte para transmitir alegria. Sabei ceder, sabei compreender, sabei transmitir a todos que vos cercam os ensinamentos vindos de vosso espírito forte que, ao ceder, mostrou ser espírito de amor, de compreensão e paz.

Sede forte para o Pai e para vós mesmo, esquecendo e ignorando os homens fortes de hoje. Orai muito para que eles se transformem em homens simples, que simbolizarão a presen-

ça do Pai em todos os lugares, pela transmissão de Sua força maior, a Força da Paz.
A bênção da Mãe do Alto.

Maria de Nazaré

Olimpíada espiritual

Imaginai-vos no início de uma grande corrida. Sois, como desportistas que aguardam ao início de uma nova encarnação, a sineta soar dando partida à corrida em busca da vitória. Todos os contendores têm em mente um só pensamento: vencer, chegar, ganhar! O mau desportista, por vezes, tentará empurrar seus companheiros, no intuito de vencer a qualquer preço, mesmo com deslealdade. Felizmente este não é o comportamento da maioria, porque esporte é acima de tudo espírito são em mente sã. Não poderá competir e vencer, quem não compreender que a luz nasce para todos, certo de que à sua frente se descortina uma estrada longa, cheia de bandeiras deixadas ao chão, significando barreiras a vencer. Neste esporte, cada bandeira levantada e entregue ao companheiro que o precede foi mais uma luz adquirida. Esta bandeira, passada de mão em mão, significará a vitória do **ser humano**, e não do indivíduo em si, do ser isolado. Esta bandeira será como representante de um grande país, um país de cuja luz muitos dependerão para sua sobrevivência. Assim, tendo um significado maior, ela passa a ser o símbolo de uma humanidade que cresceu lutando em conjunto por um ideal coletivo. Deixou de ter importância o Eu, a alma desta coletividade que se irmana para vencer. Esta bandeira, já iluminada, será entregue ao Chefe Supremo da organização da corrida espiritual, por alguns de seus filhos. Se assim agirem todos os irmãos terrenos, auxiliando-se em suas missões conjuntas, o Pai, ao receber o esforço de uma coletividade, irá olhar com carinho para aqueles que iniciaram a corrida, lutando para transmitir aos seus seguidores o ensinamento da luz e que já partiram exaustos, mas tranqüilos, pois que, sem sua colaboração, a bandeira iluminada não chegaria a ser entregue ao Pai.

A oferenda da luta pela vida, da luta por ideais mais altos, a oferenda de todas as qualidades puras que existe em todas as criaturas, estará representada na entrega da bandeira vitoriosa. Despertai, vossas mentes para as contendas limpas, para a corrida no sentido puro e elevado de ir transmitindo vossa força, mesmo que ela se esgote, pois ela não findará em vós, ela será entregue a alguém que ficou e chegará ao seu objetivo primordial.

Assim são vossas missões, cumpri-as como o desportista limpo, sem pisar ou magoar-se. Tende vossa mente voltada para o Pai e Ele vos dará a força para chegardes ao final da meta desejada, certos de que o importante é a missão e esta será sempre cumprida porque foi idealizada por vosso Pai Eterno.

A bênção da Mãe do Alto,
Maria de Nazaré

Fonte de água divina

Banhai vossa mente na fonte de água divina e ela se cobrirá de luzes. Banhai vosso espírito nesta luz e servi em nome do Pai. Chamai com carinho todos os irmãos para que vos acompanhem neste ato sublime.

Como banhar-se na fonte de água divina, perguntariam alguns. Eu vos respondo; orando, orando, orando. Muitos responderão; "mas eu oro tanto e a perturbação me acompanha. Não consigo sentir esta Paz de que tanto me falam, entidades e amigos". Digo-vos, filhos queridos, que orar não é um ato de pura rotina, palavra após palavra, verso após verso. Orar é um ato de humildade, que só o humilde pode realizar. Orar é um ato de Amor que todos tendes para dar. Orar é um ato de Fé que deveis lutar por conseguir.

Em vossa prece não deverão estar presente somente vossas necessidades, mas as necessidades de vossos irmãos, e, por isto, vos digo que orar é um ato de amor. Digo ainda que orar é um ato de humildade, pois que, para praticá-la, devereis arrepender-vos de todos os vossos erros, através um exame profundo de consciência para saber onde errastes, onde e quando perturbastes o equilíbrio de vossos irmãos, onde e quando deixastes de praticar a caridade do amor que tudo perdoa. Então, digo-vos que, orar, é um **ato sublime** que deve ser praticado com verdadeira devoção e não recitado apenas com os lábios, versos que o coração não sente.

Aprendei a orar com pureza n'alma, por graves que sejam vossos erros, pois que o Pai sabe que não sois perfeitos e deseja sim perdoar-vos, mas não poderá fazê-lo se em vossa prece não houver humildade, amor e fé. Aprendei a orar filhos e jamais vossos espíritos se acharão conturbados ou tristes, pois através da prece sincera estareis sempre recebendo a purificação da água da fonte divina que é a mente do Criador que, por vos haver criado, vibra dentro de vós. Despertai-O e vivei para o

bem, despertai-O e vivei para a harmonia, despertai-O e vivei para a Paz.
A bênção da Mãe do Alto,
Maria de Nazaré

O evangelho

O Evangelho, filhos, é luz para os vossos espíritos, água puríssima que vem mitigar vossa sede da alma, sede de saber, sede de unir. Para receber esta Luz e mitigar esta sede, não bastará lerdes as páginas de um evangelho, mas que mediteis profundamente em cada parágrafo. Abra-o ao acaso, cada dia após uma prece e recebereis uma página de luz e ensinamentos que vos faltavam neste dia, naquele exato momento. Tereis iniciado mais um dia de vossas vidas, não como um dia qualquer, mas um dia em que vosso espírito abriu seus ouvidos para a palavra santa, recebeu em seu cérebro a partícula de luz que precisava.

Tantas situações desagradáveis deixariam de se dar, através da meditação e da leitura diária do Evangelho, em qualquer língua, em todos os lugares, pois que suas palavras luminosas perduram há vinte séculos para clarear o caminho dos homens. Vós que o conheceis, não deveis desprezá-lo. Fazei uso dele para iniciar vosso dia e este será um dia de bênçãos, um dia cheio de paciência, em que tereis mais amor e portanto mais ajuda de Deus. Abri vossas mentes aos ensinamentos de Jesus e segui-os sendo, assim, felizes. Mas aprendei com o espírito, senti com a alma que pertence ao Pai, para O qual nasceu Jesus na intenção de despertar-vos.

Sede luz, através da Luz Divina. Deixai que todo vosso ser se ilumine e isto se dá na hora de vossas preces, quando, esquecidos de vós próprios, transbordastes da Luz Divina em auxílio do próximo. Terminada vossa prece esta Luz diminuirá, mas não se apagará e irá crescendo. Começareis a trabalhar com mais amor, com mais tranqüilidade.

Procurai a Luz Divina para distribuí-La com amor com todos os irmãos que ainda não despertaram e vosso Eu maior tomará conhecimento de sua própria Paz interior, sua Paz com Deus.

A bênção da Mãe do Alto,
Maria de Nazaré

Salvação

(Que não se conturbe a vossa mente, mas que vibre o vosso coração, iluminado pelo amor do Pai!)

Se tiverdes a fé do tamanho de um grão de mostarda, direis àquela montanha que se mova.., mas, e se não a tiverdes? Para os que ainda não a têm no grau desejado, é que Cristo veio à Terra. E Jesus vos ensinou a amar perdoando e eu vos lembro "quem sois vós para perdoar?" Mais sois irmãs para vos ajudardes. A mãe que vê seu filho em perigo está na obrigação de tentar salvá-lo e, se não conseguir, terá sua consciência tranqüila. Tende sempre vossa consciência tranqüila, pois será esta tranqüilidade que vos levará a um estado mental de Paz e Harmonia. Estendei vossas mãos sempre que alguém estiver em perigo e não vos arrependereis. Junto dos piedosos, estará a Luz do Pai ajudando-os a cumprir suas missões de amor. Se, após ajudados, não vos desejarem ouvir, seguirão suas próprias determinações e serão aprendizes de seus próprios erros. Mas, filhas, lembro-vos que uma corrente deve ser formada de amor e este amor deve sempre vos levar a aqueles que estejam em perigo.

A determinação do livre arbítrio muitas vezes é desviada pela dor que alguns sofrem e não conseguem suportar. Bem-aventurados os de mente tranqüila e submissa aos desígnios de Deus, mas infelizes e sofredores são os que não conseguem esta força e, após tanto lutar, enveredam por caminhos desconhecidos que os levarão ao desalento maior, à descrença de tudo e de todos. Para que não corram este risco tão grande, devem ser alertados, não pela imposição ou falsa piedade, mas pelo vosso amor de irmãos ligados por uma corrente.

Lutai com todas as vossas forças para salvar de chamamentos truncados os que estão prestes a se perder. Chamai-os para junto de vós e em breve eles serão grandes propagadores de uma fé que foi balançada, mas que se fortificou, abandonando os perigos do fanatismo que confunde, mas não engana. Estendei vossas mãos aos que sofrem, ajoelhai-vos com eles e orai, lutai, enfim, pela salvação, de uma alma que seja. Junto a vós estarei neste trabalho de salvamento, porque esta é minha missão há muitos séculos.

A Mãe do Alto,
Maria de Nazaré

Exercitar a paciência

Alcançando a paciência através do exercício, tereis encontrado o chamado Céu na Terra. Aprimorai a compreensão e os horizontes de vossa visão espiritual serão ampliados às mais altas paragens. Elevai vossos espíritos à condição de quem deseja perdoar e tereis a alegria dos que servem de bálsamo tranqüilizador de todos os ambientes, pois espalhareis somente luz.

Evitai a discussão em vosso ambiente familiar, procurando o respeito mútuo e tereis uma família em harmonia. Do esforço que cada um fizer em benefício da Paz, resultará o equilíbrio de todos os ambientes que serão poupados das vibrações impuras que vos espreitam como fiéis servidores.

Podereis estranhar que vos diga que as vibrações que vos espreitam sejam vossas mais fiéis servidoras. Eu vos explico e asseguro ser esta uma grande verdade, pois não será o bem, a alegria e o conforto, o carinho e as demonstrações de amizade, que vos farão alcançar o Céu, mas sim aqueles que vos testarem, através do desamor, da crítica implacável, da ironia até. Estas vibrações vos penetram com vosso consentimento, por invigilância. Sede vigilantes com as vibrações que vos cercam, pois disto dependerá passardes ou não, por difíceis testes, com garbo e elegância espirituais. Assim vos digo: aqueles que maltratam-vos estão ofertando os Céus em bandejas coloridas. De vós dependerá transformar estes testes em vitórias ou fracassos.

Lutai sem esmorecer, sem magoar ou conturbar vossos coraçõezinhos tão cheios de esperanças elevadas. Por acaso pensastes que seria fácil cumprir as missões assumidas? Só será fácil se souberdes fortalecer o espírito para no lugar do sofrimento, colocardes a barreira intransponível da Luz adquirida em constante esforço para uma melhoria espiritual equilibrada.

Estudai, aprimorai vossos conhecimentos, para que eles se

transformem em um potencial de forças capazes de repelir delicadamente toda e qualquer investida contra vossa segurança, dentro da Fé que possuís.

Que a todos seja dado o direito de escolher seus próprios caminhos, sem debates ou discussões, mas unicamente vibrando um amor tão puro, que um dia se transformará no elo que vos manterá unidos pela vibração do respeito, da compreensão e do amor. Isto será viver na Terra, como se vivêsseis nos Céus, com ou sem recursos materiais, dando importância somente às coisas que realmente tenham valor.

Agi assim filhos e vossas casas se transformarão em um santuário de amor, onde todos se sentirão bem.

A bênção da Mãe do Alto,
Maria de Nazaré

A palavra

Bendizei a palavra, quer seja escrita ou falada. Bendizei a forma mais humana e perfeita de comunicação que vos deu o Pai. Louvai cada letra, cada pontuação, cada acentuação e, ao ler algum ensinamento espiritual, observai até as vírgulas. Senti a alma que está em cada palavra. Senti o que ela quer dizer realmente e, não somente, o que ela parece dizer. Meditai no que ela significa em cada texto. Ao terminar cada frase, ela terá tomado um sentido maior e, ao final da leitura, ela terá conseguido o seu real objetivo, se houverdes lido com os olhos da alma.

Lembrai, filhos, que existem palestras ou leituras para o deleite da matéria, mas que existe outro tipo de leitura a vós dirigida com o objetivo de despertar vossos espíritos e, assim sendo, estas devem ser lidas não com os olhos da matéria, mas com aqueles que pertencem a vossa alma. Ao terminar a leitura, deixai que a meditação venha complementar a Obra, penetrar vosso espírito, e começareis a receber a Paz que a entidade comunicante desejou transmitir-vos. O intermediário nada mais foi que aquele que grafou no papel, mas o sentido profundo, a alma da comunicação, pertence a aquele que a ditou e estará cheia da força que deseja dar-vos, enquanto que o intermediário estará entregue às suas próprias ocupações, na vida particular. Meditai na presença destas entidades ao vosso lado enquanto lerdes, e elas vos esclarecerão, dando-vos o Seu amor maior.

Por tudo isto peço-vos para lerdes com atenção, com sentimento, com alma, tudo que tendes à vossa disposição para vos servir e que, por vezes, ledes tão simplesmente, sem atentar para a importância do texto em si. Ajudai-vos filhas, pois que neste mister, somente vossa vontade poderá influir. De nada servirá quererem dar-vos, senão estiverdes predispostas a receber.

Recebei nosso chamamento, recebei nosso amor e ficare-

mos felizes por vós que passareis a ser mais um veículo a serviço do Pai, do Bem, da Paz e da Harmonia Universal.
A bênção da Mãe do Alto,
Maria de Nazaré

A felicidade

A felicidade não é senão um momento determinado que, como tal, deve ser aproveitado e apreciado, pois do contrário, ele rapidamente pertencerá ao passado. Porém, a felicidade não será um momento, para os que souberem criá-la em várias situações ou oportunidades. Trabalhai pela vossa felicidade, construí vossa felicidade é lutai por ela.

Muitas vezes o homem se compraz em criar e viver dos momentos difíceis de sua vida, lembrando-os a cada instante, sofrendo intensamente por dores passadas. Procurai lembrar dos momentos de felicidade e vereis com surpresa que eles foram muitos. Parai de vez em quando, em meio a um afazer diário e olhai ao redor; talvez tudo que observardes, seja um motivo de alegria. Estais em vossa casa, louvai esta casa e esqueci as mágoas e aqueles que a causaram, perdoando-os e começareis a sentir a leveza no coração. Ao invés de ficardes esperando ser agradados, agradai; em vez de esperardes socorro, socorrei e aí estará mais um motivo de felicidade. Louvai vossa vida, embora no momento, ela não vos pareça muito boa ou agradável. Quem sabe, não estareis unicamente presos à paisagem triste do caminho, sem olhar para o lado bom que existe em todas as situações? Observai melhor o que vos cerca, esquecei mágoas e desavenças, lutai pelo vosso aprimoramento espiritual, começando por buscar compreensão para todos. Compreendendo, podereis aceitá-los melhor, tereis aprendido a conviver. Que ação tão bela e proveitosa para vós será aprender a conviver! Não viestes ao mundo sozinhos, portanto, se não aprenderdes a conviver, sofrereis no mais profundo abandono.

Meditai que, enquanto desejardes que vos socorram ou ajudem, estareis sozinhos esperando, mas quando vos apresentardes para servir, muito trabalho surgirá, e este trabalho será vossa eterna companhia. Jamais ficareis sós. Que alegria e que Paz sentireis ao esquecer de vós próprios. No afã de compar-

tilhar, de dar-se, encontrareis a verdadeira felicidade. A paisagem será sempre colorida e agradável, a felicidade de estar em Paz, não mais esperando, mas agindo. Agi, filhos queridos, enquanto a embarcação de vossas vidas ainda desce suavemente o rio de muitos acontecimentos sérios, mas, enquanto tendes olhos para observar esta paisagem e fazer bom uso dela. Louvai a paisagem de vossas vidas, despreocupados de vós próprios e mais preocupadas com vossos irmãos, pois, quando menos esperardes, tereis chegado a um porto seguro, da Fé, da Bondade e do Amor, que será a verdadeira alegria pela qual vossos espíritos jamais sonharam: a Paz com Deus!
    A bênção da Mãe do Alto,
    Maria de Nazaré

O silêncio

Sendo o som conseqüência da vibração ou movimento de alguma coisa; sendo a palavra conseqüência da vibração das cordas vocais; sendo a música conseqüência da vibração de algum instrumento; meditemos: Existirá o silêncio? Se toda a criação vibra sob o comando da mais alta vibração, a de Deus, existirá o silêncio?

O que esgota o homem de hoje é a mistura de vibrações, o desequilíbrio; na medida em que o homem se cerca de vibrações desnecessárias, deixa de ouvir as vibrações mais puras. A permanência de vibrações desnecessárias, o vai afastando da tranqüilidade que o levará ao desequilíbrio mental.

O computador que é vosso cérebro, registrando imagens, sons sensações e impressões, desregulado, deixa penetrar voltagens por demais altas, sobrevindo a estafa mental, o desgaste psíquico.

O excesso de trabalho é voltagem alta, desperdício de energias. Após cometer uma série de agressões contra vosso próprio organismo, partis em busca da cura, sem pensar que ela estaria em vós mesmos, em vosso comando mental equilibrado. Este comando, vosso espírito recebe do Pai.

Dirigi-vos a Deus, para que o equilíbrio de raciocínio vos chegue em tempo de poupar vossas células, antes de desgaste total e desastroso; assim, trabalhai, vivei, organizai-vos com alma. Afastai o desgaste e a fadiga.

Buscai então o silêncio e encontrarei, não o absoluto silêncio, mas o Divino silêncio; aquele que provém dos mares e cachoeiras, dos ventos e das flores em sua conversa vibratória pelos jardins. O silêncio dos animais que caminham devagar para não serem molestados pelo homem. Imitai o irracional e andai devagar, sem ruídos ou atropelos, para que os barulhentos da vida, os que ainda não encontraram a paz da espiritualidade, não vos venham tirar a paz. Será isto egoísmo? Não!

Uma vez não vos deixando perturbar, tereis a força necessária para levar aos que realmente a desejem.

Procurai enfim o silêncio de Jesus e estareis dentro da vibração mais próxima do Pai, a vibração do Filho de Deus que se fez homem para vos salvar, para vos trazer a vibração mais perfeita do Pai; a vibração do AMOR.

A Mãe do Alto,
Maria de Nazaré

A janela da eternidade

Debruçai vosso espírito na **janela da eternidade** e procurai ver a real paisagem que se descortina.

Dois irmãos debruçam-se nesta janela e um fica parado, até imóvel, pelo medo e pela dúvida. Quantos obstáculos já colocou na sua vontade que é superada por sentimentos mais fortes de negatividade. Olha com preguiça para o lado e constata que seu vizinho parece não ver os desvios e atalhos, as dificuldades da mesma estrada.

Este irmão, vivia sem preocupar-se em ver com os olhos da matéria o final da estrada, já que os olhos de sua alma viram muito mais além. E os ouvidos de seu corpo nada escutaram, porque o cantar dos pássaros estava distante, assim como o murmúrio dos riachos, mas os ouvidos de sua alma ouviram o cantar de águas límpidas, etéreas e o cântico de mil pássaros a alegrar os dias dando a vibração da luz aos lugares sombrios. Sentiu que tanta melodia só poderia levá-lo a um fim que seria eterno. Seus pés não podiam tocar a relva para saber se era macia, mas não estava preocupado com seus pés e sim com sua alma, e a alma não caminha, flutua. Não poderia falar com os irmãos que iam mais adiante e conheciam os embustes da caminhada, porque sabia que as pedras do caminho não se mantêm no mesmo lugar para todas as criaturas. Nem todos transpõem dificuldades com o mesmo espírito de luta. Compreendeu então que não se preocupava também em saber onde e como cairia. Desejava ferir seus joelhos, ralar suas mãos, se esse fosse o preço para ver e ouvir toda a beleza que pressentira existir por trás de toda a dor e sofrimentos que lhe fossem impostos. Teve coragem e sem olhar para trás, abriu sua porta e partiu, caminhou, caiu, levantou, sofreu e sorriu, alegrando-se com suas dores. Reconfortava-se com a luz de cada dia que se seguia à escuridão das noites. Lavando as feridas com a água pura dos regatos, ele seguiu corajoso e destemido.

Um dia ao despertar, sentiu-se leve e viu que seu corpo continuava adormecido em meio aos pássaros e aos arvoredos. Seus pés não estavam doídos nem cansados, não havia ferida nos joelhos, seu corpo de opaco se transformara em luz. Pensou em caminhar e viu que flutuava. Os companheiros de jornada, cada um com sua luz, o esperavam e lhe estendiam as mãos dizendo: "Vinde, irmão, pois agora não teremos mais que falar em dores e dificuldades passadas. Vamos unir nossas luzes e voltar ao irmão que ainda está debruçado, na mesma **janela**, sem sofrer, sem amar, mas sem viver! Vamos levar a força que lhe falta para iniciar a caminhada, para que algum dia possamos todos ser felizes, vendo que a coragem de viver impera em todos os corações, que a maldade foi substituída pelo amor, a fraqueza pela força, a escuridão pela luz. Vamos irmão, porque queremos um dia ficar tranqüilos em relação a todos os irmãos".

E voltaram à triste **janela**, quando o irmão, sem saber por que, abandonou o medo e saiu confiante no cantar dos pássaros que viu passar...

A bênção da Mãe do Alto,
Maria de Nazaré

A paz como companheira

Buscai a paz no pensamento e ela será uma constante em vosso espírito. Buscai o amor no coração e ele estará presente em todas as vossas atitudes. Buscai, filhos, estes dons que vos relembro. E digo relembro, porque sei que eles existem em vós, buscai e sereis feliz. Quantas vezes sereis tentado, pondo à prova vossa paciência e complacência para com vossos irmãos. Estareis em condições de reagir a contento em tais circunstâncias? Se buscardes a paz, a harmonia, a doçura e o amor como presenças constantes em vós, eu vos asseguro que vossos companheiros de jornada ficarão até admirados com vossa força em frente a todas as situações difíceis. Sim, porque, muitas vezes, sereis posto à prova por eles. Mas estareis sempre apto a reagir dentro da sabedoria, da complacência e da paciência, se vos houverdes preparado para isto com firmeza.

Não espereis que chegue a tormenta para então fechar as janelas. Começai desde cedo a preparar-vos para as tormentas da vida, buscai em vosso espírito aquela doçura que vos permitirá enfrentar o inimigo com a arma poderosa do amor. Assim, quando chegar a hora, direis admirado: "Jamais imaginei agir desta forma em tal situação". Porém tereis aprendido a pensar em tudo e pesar na **balança divina** os vossos interesses e os de vossos companheiros. Ao pesá-los vereis que a matemática não falha e a união de várias criaturas em necessidade torna-se maior que vossas particulares necessidades. Tereis aprendido, em tempo, a anular-vos em benefício do próximo, mesmo que este não pertença a vossa família da Terra, já que seria bem mais fácil anular-vos em favor daqueles a quem amais. Ireis sublimando vosso espírito e vos tomareis tão suave ao contato, tão meigo à presença, que aqueles que vos desejarem importunar ou se arrependerão, ou encontrarão em vós a proteção que descobristes na fórmula divina do saber viver; viver da Paz e da Harmonia.

A Mãe do Alto,
Maria de Nazaré

Dar antes de receber

Filhos queridos, este é efetivamente o tema de hoje. Perguntaríeis, então, se o Pai só socorrerá aqueles que antes o tenham servido? O amor do Pai é infinito e não faltaria a um filho somente por isso.
O que significa servir ao Pai? Muitas são as formas de servi-Lo, e assim vereis muitos filhos que declaradamente nunca fizeram nada por merecer uma grande graça, receberem-na. Alguns tornam-se, desta forma, credores de uma gratidão que funcionará como teste a lhes abrir os olhos da alma para a bondade do Pai.
Existem aqueles que não são vistos a pregar, por não ser esta a sua missão, mas que vivem como autênticos cristãos, sendo bons, não por temor a Deus, mas por amá-Lo. Ajudando aos irmãos necessitados, não por medo da fome que lhes poderá chegar um dia, mas porque realmente se compadecem dos pobres. Suas vidas são, em essência, cristãs, encontrando-se, desta forma, em comunicação permanente com as vibrações mais puras, ou seja, a Luz do Pai.
Consciente ou inconscientemente, eis o segredo, servir ao Pai antes de ser servido. Não porque sereis mais amados pelo Pai, mas unicamente porque a vibração da bondade, do amor, da correção, atrai a luz e permite que a bondade infinita do Pai possa enviar com facilidade o auxílio que Ele envia a todos os filhos. A porta fechada da incompreensão, impedindo a passagem das graças derramadas, é como a casa virada de costas para o sol.
Procurai manter vossa porta sempre aberta às graças do Pai, porque Dele não será a culpa, se não puderdes receber o que precisais. A culpa terá sido exclusivamente vossa.
Vibrai sempre nas faixas do amor, da caridade e do perdão e estas pequenas frestas de luz se transformarão, com a persistência, em canais através dos quais recebereis sempre a graça do Pai, o Amor de Jesus e da Mãe do Alto,
Maria de Nazaré

Observar

O homem observa a flor e quanto mais a olha, mais encantado fica. Conseguirá ele explicar com palavras, tudo o que vê? Como explicar sua formação? O início de tudo, uma pequena, escura e inexpressiva semente. O homem observa os pássaros e, quanto mais observar as várias espécies existentes, mais encontrará dificuldades em explicá-los. Mas, vamos ainda reportar-nos aos peixes em imenso aquário: Quanto colorido, quanta forma estranha, quanta conversa entre eles. E, agora, passemos diretamente ao homem em sua expressão mais simples — a criança. Se não conseguiu expressar-se em relação às flores, aos pássaros, aos peixes, muito menos conseguirá explicar o homem na expressão "criança", que não deixou de ser também uma semente; mas como explicar tanta mutação, do estranho ao feio e daí ao belo. Como explicar os que nascem com doenças congênitas? Até hoje a medicina não conseguiu explicar este fato; "é porque é, é o acaso, é a fatalidade". Por outro lado, como explicar aquela pele macia e rosada, aquela expressão de vida que começa a se esboçar tão tranqüilamente? Tudo Obra do Criador! Quantas células reunidas em vibração adequada àquele planeta. Tantos nervos, filamentos, quanta água. Tudo formando a massa compacta, visível. Meditemos agora que, muito além de tudo isto que foi apontado, existe o espírito grupo para as escalas primárias da criação, ainda sem vontade própria, ainda comandada pela força geradora da Natureza. Meditemos que, muito mais além e profundo, está a parte invisível dos pequeninos seres em formação. O comando espiritual livre e senhor de si, o comando mental ligado a ensinamentos, evolução própria, aprendizado adquirido e que governará e revelará o eu íntimo, profundo, do ser evoluído. Tudo tão complexo à primeira vista, mas tão explicável, única e exclusivamente para aqueles que conhecendo a energia usada na Terra pelos homens de ciência, tenham a capacidade evolutiva de compreender, ou pelo menos aceitar, as energias que são geradas pelo Criador e que difundidas no éter, criam as mais variadas formas e coloridos; rotações diferentes.

Vivei unicamente para o bem, enquanto os homens de ciência, os intelectuais possam ir reunindo certezas, para comprovar a energia cósmica que é Deus. Deixai que creiam os que queiram crer; porque vós já compreendestes através da sensibilidade, filamento de nervos invisíveis que vibram em vosso cérebro espiritual e passam suas sensações para a mente física, e que nesta passagem deixam impressa a força da fé, única verdadeiramente capaz de vos fazer observar a criação, sem perguntas ou dúvidas, porque as respostas simples e claras estarão em vosso próprio ser. Assim, ao observar a flor, o peixe, o pássaro ou a criança, direis tão simplesmente: "Como é Sublime o Pai!"

A Mãe do Alto,
Maria de Nazaré

A luta e a paz

Desde que o mundo é mundo, a criação debate-se entre a luta e a paz. As tormentas destroem para em seguida a paz reconstruir o perdido. Assim, também, o ser humano se perde entre a luta e a paz, entre o bem e o mal.

A vossa vida, nas mínimas coisas, é um revezamento constante entre os momentos difíceis e os momentos de paz. E preciso que vós, seres conscientes que sois, tenhais a compreensão da importância de todos os vossos momentos, os de luta e os de paz. Os momentos de luta irão construir a vossa paz futura, se souberdes aproveitá-los.

Compreendei vossos irmãos, sem tomar para vós suas culpas e sofrimentos. Ajudareis muito mais com preces do que com vossa preocupação exagerada. Dai-lhes a mão com a firmeza de quem contempla com amor o sofrimento alheio, sabendo que não vos pertence, senão na medida que puderdes ajudar. Quando chegar vossa vez, se chegar, apreciareis encontrar alguém, pessoas fortemente consolidadas pela fé, que virão em vosso auxílio, não para chorar convosco, mas para vos fazer parar de chorar!

Poderá parecer-vos difícil agir como estou tentando vos ensinar, porém se vos socorrerdes, vós próprios, como deveis através da prece, tudo vos parecerá mais fácil. Aquele que está na dor, se encontra sem forças, e então é chegada a hora de buscar nos ensinamentos e na fé, a ajuda que irá fluir através de todos para contentar os pequeninos que, como crianças, se lastimam dos problemas que criaram pela própria imprevidência. Assim, compadecei-vos de vossos irmãos, com o coração cheio de amor, porém buscando na oração a força que os ajudará a reconstruir aquilo que as tormentas da vida, pela própria vida, derrubaram, destruíram. A torrente das paixões humanas leva em sua destruição afetos e amizades profundas. Tirai-os do abismo com vossa fé, força que vos dou toda vez que chamais

por mim, pois assim como sofreis e vos preocupais com os vossos, na matéria, eu me preocupo convosco que sois os meus filhos conscientes. Aqueles a quem tenho ajudado a construir os corpos espirituais, para que possam reconhecer a grandeza de servir, pelo prazer de servir. Mas por favor, fortalecei vossa fé, para que nosso trabalho não tenha sido em vão; para que possais sentir que, tanto as lutas quanto a paz, são amigos que vos sacodem da indiferença perigosa e desastrosa, aquela apatia que derruba mais que os temporais, porque apatia é doença do espírito e os temporais que vós acordam são a ajuda do Pai para a reconstrução de vossas vidas, de vossas cidades, de vossos países e da vossa vida na espiritualidade.
A bênção da Mãe do Alto,
Maria de Nazaré

Sede dóceis e mansos

Sede dóceis e mansos com Jesus no coração! Quando tudo vos parecer difícil e perdido, buscai a imagem de Jesus. A doçura começará a penetrar vosso coração e imediatamente sereis inundado pela Paz. Quando estiverdes sem forças para mentalizar o Mestre, buscai um Evangelho e lede, desejando receber pela mente os ensinamentos ali contidos. Jesus irá penetrando com maior firmeza vosso coração. O colorido da vida começará a ganhar nova expressão. As pessoas começarão a vos parecer mais amigas, menos difíceis. A Natureza ganhará novas formas, como se nunca a tivésseis observado.

A tristeza e a descrença escurecem vossa visão e pareceis cegos, sem serdes. Porém é cego todo aquele que está privado da luz interior, a única que ilumina palácios e choupanas. Um espírito escurecido pela tomada da dor, esquece que a vida continua para ser vivida. Esquece que as crianças continuam precisando ser alimentadas, assim como os animais. Esquece que os companheiros de jornada também têm suas dores. Fecham-se em si mesmos e apagam-se da Vida Verdadeira. Anulam-se e nesta anulação terminam por culpar ao Pai de serem por Ele esquecidos. Por isso, vos digo, buscai em vosso coração a Luz que é Jesus, para que esta luz amiga vos desperte e retire de tanta escuridão.

Os sofrimentos do Mestre contados nos evangelhos ensinam-vos que Ele sofreu, porque pedira ao Pai para vos salvar da escuridão que parecia eterna. Até hoje vosso Mestre meigo e carinhoso ainda sofre ao ver que, embora sendo Luz, ainda não consegue penetrar todas as almas e mostrar-lhes que tudo que pregou era verdade, a mesma verdade que ainda grita aos ouvidos que não conseguem ouvir, porque vivem somente para suas próprias dores.

O amanhã será sempre melhor, se confiardes em Jesus e

compreenderdes que não sofreis penas que não foram criadas no passado. Neste simples raciocínio, encontraríeis o bastante para vos esclarecer e conformar.

Pensai bem em tudo isto e deixai penetrar a Luz do Senhor em vosso espírito, pois só assim passareis a ver as cores verdadeiras de tudo que vos cerca e ainda podereis mostrá-las a outros tristes, esquecidos agora de vós, já podendo ver que, à vossa volta, outros sofriam também.

Com Jesus no coração sereis somente doçura e paz.

A bênção da Mãe do Alto,
Maria de Nazaré

Cumpri vossas leis

O Pai não criou seus filhos para, em seguida, abandoná-los à própria sorte. A Sua Obra continua vibrando em favor de toda criação. Não vos faltam o ar, a luz, o calor que é vida, tudo em seus devidos lugares, cumprindo a sua própria Lei. E vós, cumpris também, a vossa própria lei? Se pensais desconhecê-la, eu vos digo: Vossa própria lei é cumprir a determinação de viver. Perder as esperanças, pensar que o fim está próximo? Nunca. Unicamente ao Pai caberá saber se vossa hora chegou ou está para chegar. Cumpri a vossa parte nesta primeira lei sábia, viver! Vivei simplesmente lutando pela saúde, através da esperança. Um cérebro cansado e desanimado está encurtando a própria condição de vida do ser humano.

Vossa segunda lei a cumprir é trabalhar. Iniciai todos os dias vossas tarefas, sem pensar se lhes são agradáveis ou não. Ao trabalhador que assim agir, criando sempre novas esperanças de melhoria para si e seus dependentes, jamais faltará trabalho.

Vossa terceira lei a cumprir é a lei de amar. Em meio a vossa vida, ao vosso trabalho, começai a amar. Amai vossos pais com sinceridade. Em seguida, aprendereis a amar vossos irmãos. Amando vossos irmãos, iluminareis todos os ambientes e começareis a amar todas as coisas. Vossa casa, por mais simples que seja, começará a ficar repleta da luz do amor e o ruído das calçadas não mais vos incomodará. A briga, a discórdia e a desavença não mais virão perturbar-vos, porque, através da vida, do trabalho e do amor, terá se erguido à vossa volta a coluna protetora que não deixa passar o ruído e a dor.

Cumprindo as leis que vos foram mostradas pelo Pai, cada vez mais O tereis convosco. Sendo o Pai a própria essência de Sua infinita criação, Ele está na vida, no trabalho e no amor. Assim, quanto mais integrados em Suas Leis, mais juntos do Pai estareis e a Mãe Natureza iniciará a sua doação por amor ao Pai e se desdobrará em carinho para todos que a admirem.

Admirai o Pai, através da Natureza e estareis recebendo as forças necessárias para viver, trabalhar e amar com a dignidade que vos merece o vosso Criador.
A bênção da Mãe do Alto,
Maria de Nazaré

A ciência e o homem

A ciência deve ser para o homem a crença **materializada** de Deus. Todos os elementos da Natureza em sua ação mais simples, uma vez reestudados, se transformam em ciência e desta forma o homem vai encontrando a certeza da existência de Deus. Alguns transformam estas respostas em negativas e passam absurdamente a querer que as reações da Natureza tenham resposta em seus próprios elementos e, ao final de tanto estudo, encontrarão as mãos vazias, o coração frio, a mente conturbada, porque, por si só, esses elementos não poderão dar a maior parte das respostas.

O homem primitivo trazia consigo a intuição, aquela chave mágica que liga as criaturas ao seu Criador. Através da intuição recebia avisos de mudança na atmosfera, aproximação de pessoas, época certa para o plantio, descobria plantas para curar-se das poucas enfermidades que adquiria. O homem acreditava em uma força maior, com a pureza dos que conservam a expressão de candura trazida dos Planos de Deus. Mas o homem foi crescendo e desenvolvendo sua inteligência, afastando-se da intuição, irmã gêmea da pureza. Procurando a ciência, nem sempre seguiu o caminho do bem, e criaram-se os magos, os feiticeiros, enganadores da boa fé, das criaturas. Os que usaram o equilíbrio encontraram a ciência pura, a descoberta das máquinas mais estranhas, trazendo para o homem a luz da eletricidade e com esta, novas máquinas. E surge o milagre do som gravado para renovado deleite e a música foi ganhando novos horizontes. E o homem conquista o espaço, mas olha para trás e renova o estudo das cores que agora já sabe serem elas vibrações e as usa novamente para a cura na cromoterapia. E o homem não percebe que a intuição se transformou em ciência, porque assim permitiu o Criador. E esta intuição transformada não seria para que ele duvidasse da existência de Deus, mas sim que escutasse a Sua voz, através da eletrônica;

visse a Sua imagem, através da televisão, ouvisse a música do Universo, através do som puro de uma bela melodia, O Pai deve ser louvado, através da ciência, em todas as formas de socorro ao homem.

Enfim, meus filhos, a intuição que se transformou em ciência, nada mais é que Deus, renovado e atualizado em vossa mente, deixando de ser hipótese para ser certeza, deixando de ser temor para ser amor. Assim, quanto mais estudardes o homem, célula por célula, menos encontrareis do humano e mais achareis o Divino materializado, pois filhos, Deus é ciência Pura.

A bênção da Mãe do Alto,
Maria de Nazaré

Tranqüilidade interior

Somente com a tranqüilidade interior, o espírito pode sentir-se feliz. É aquele estado d'alma em que o ser se sente feliz por estar tranqüilo em relação a si próprio e, portanto, em relação ao seu próximo. Como é triste observar-se uma mente conturbada, lutando para vencer obstáculos criados por si mesma. Seria muito mais fácil trabalhar no sentido único do bem, da alegria e da tranqüilidade, como luz suave e branda que, acalmando o interior do ser, viesse a se irradiar em todas as direções. Fazei vossa mente trabalhar no lado positivo da certeza, da força, do amor. Tudo isto só pode ser comandado por vós mesmos, que sois os proprietários deste mundo de células, vida enfim, que simbolizam o ser humano. Não deixeis que vossa mente vos comande para o lado da dor, da incerteza e do mal, comandai-a para o bem. Poderá isto vos parecer difícil e realmente o seria se vivêsseis sós em um planeta abandonado à sua própria sorte. Teríeis então de reagir constantemente contra as investidas da negatividade. Porém, vosso planeta é comandado por Nosso Senhor Jesus e assim já podeis considerar-vos espíritos felizes sob sua proteção. Sabeis que Jesus é todo amor e perdão e preenche todas as lacunas que as imperfeições humanas hajam deixado em vosso coração. Compreendemos estas lacunas e sofremos convosco, mas por isso mesmo aqui estamos para oferecer-vos o bálsamo da prece neste intercâmbio espiritual que irá curar todas as feridas e acalmar os corações aflitos. Orai conosco e pedi que a força e o amor do Pai vos possa curar definitivamente das sombras criadas no passado, que vos acompanham qual fantasmas assustadores, não vos dando ensejo de viver em paz.

Comandai vossa mente para o bem, chamai pelas entidades amigas que vos espreitam sempre e encontrareis a Paz definitiva junto ao coração desta Mãe, que deseja ver todos os seus filhos da Terra dentro da Luz da Espiritualidade Pura, conforto e amparo.

A Mãe do Alto,
Maria de Nazaré

Mensagem aos homens

Homens, que viestes ao mundo para trazer a força; homens, que viestes ao mundo qualificados para trazer a segurança e a proteção aos grupos, pequenos povoados, tribos e futuramente para as famílias, agremiações e instituições; meditai muito no que tendes feito de tudo isto que o Pai vos confiou e de vós esperou. Podereis talvez julgar que sois uns sacrificados por tanta responsabilidade. Porém, não deveis esquecer das inúmeras idas e vindas a este planeta quando tivestes a oportunidade de possuir a delicadeza de uma alma feminina. Lembrai, agora, simplesmente, que, quando desceis como homem, espera-se que possais cumprir com dignidade vossos compromissos.

A força não vos é dada para impor vossa vontade mas para compreender o quanto a sociedade e a família dependem de vós. De vosso equilíbrio e noção de responsabilidade dependem a segurança e a formação dos novos seres que vos tomarão como exemplo.

Confundistes, até hoje, vosso poderio, malbaratando vossa independência. Vindes julgando que todos os benefícios vos seriam dados e poucas contas teríeis para dar. Colocai a mão na consciência e meditai no que tendes conseguido construir de útil neste último século. Guerras, discórdia, encenações em nome de uma libertação que desconheceis a fundo as conseqüências. Julgai-vos sábios e faltais com as mais elementares lições de hombridade e respeito em relação às famílias, que ninguém vos obrigou a formar. Faltais com o pão e assistência aos filhos que se vêem obrigados ao sustento e apoio puramente materno, deixando nesta situação muitas vezes a mulher sem condições de dar o sustento e o amor.

Homens, meditai, no momento presente, em todo mal que tem sido praticado por vós, em várias reencarnações em que tendes tido nas mãos o poder. Reformulai vossa compreensão para sentir que a pureza pode e deve existir em vós. Não vos envergonheis de chorar ou de orar perante a família reunida; ao contrário, dai-lhes o exemplo da dor e da fé que os ajudará a construir o templo de adoração a Deus em seus corações em formação.

Meditai, finalmente, na construção e na manutenção de vosso lar ou de um novo lar, se o primeiro fracassou, para que não erreis mais e façais mais criaturas infelizes.

Não queremos, porém, terminar esta mensagem, sem louvar aos filhos que como homens vieram e souberam levar bem alto suas missões, dedicando suas vidas à ciência, à pura religiosidade, à construção e manutenção de famílias perfeitas, que formarão amanhã o terceiro milênio. Sois a demonstração perfeita da Obra na qual o Pai confia e espera; a formação de corpos e mentes puras para criar definitivamente a pureza sobre a Terra.

A bênção da Mãe do Alto,
Maria de Nazaré

Mensagem à mulher

Mulher, que chegastes ao mundo para trazer o amor. Mulher, que chegastes ao mundo com o encargo de espalhar a graça, a suavidade, a beleza. Mulher, que viestes ao mundo para provar a existência do Pai, através da maternidade, milagre da criação divina. Meditai muito sobre vossa posição nesta hora grave para o planeta Terra; se pretendeis ser mãe, meditai ainda mais, pois que isto não será um acaso, mas sim, parte de acerto feito no Alto e que envolveu criaturas em promessa de ajuda mútua.

Para ser mãe é preciso, em primeiro lugar, que saibais ser mulher. Ser mulher é saber como agir, como se apresentar, como falar e como espalhar pureza. Se ainda não aprendestes a ser mulher, por favor, não vos atrevais a ser mãe. Para ser mãe é preciso que tenhais cultivado o amor doação, amor que nada cobra, amor que sabe ter a firmeza do amparo, mas também a liberdade de deixar que todos sejam livres. Para ser mãe tereis de ter aprendido a sofrer, começando por anular-vos em benefício dos seres que chegarão precisando do carinho e do amparo que só a verdadeira mãe pode dar. Do primeiro contato com a sensibilidade e o amor de sua mãe é que a criatura consegue reunir as forças para a caminhada no planeta em que nascer. Para ser mãe tereis de ter aprendido a renunciar, a dar-vos, sem reclamar, pois se assim não agirdes, não será válida a vossa doação. Tereis ainda de ter aprendido a ter equilíbrio para saber quando punir para encaminhar, ou punir para extravasar vossas mágoas. Antes de mais nada, a mulher mãe não deverá cultivar a mágoa. Esqueceis, por acaso, que todos são filhos de Deus e que contra o Pai são praticadas as maiores ingratidões? Tereis de esquecer-vos de vós mesma se desejardes ser realmente mãe, e assim agindo ireis cultivando em vós o amor pela humanidade, da qual fazem parte os filhos de outras mulheres e não somente os vossos.

Assim, mulher, só há uma fórmula para aprender a ser mãe; é orar muito, pedir muito que a Luz da Divindade vos penetre inteiramente para que, inundada desta graça, possais receber em vossas entranhas, almas que pertencem ao Pai e que virão por vosso intermédio buscar o aprendizado de que carecem e que não poderão obter se não encontrarem o coração de suas mães repleto do verdadeiro amor.

A bênção da Mãe do Alto,
Maria de Nazaré

A luz de Maria

Recebei minha palavra da forma como permita vosso entendimento. À distância ou de perto. Não existem distâncias quando podemos chegar a vários lugares ao mesmo tempo, sempre atendendo ao chamado do amor. Cada antena, a captar-nos em sua freqüência própria. E iniciado mais um ano de estudos, vitórias e lutas. Nada teria valor sem luta e persistência. Ensinai que, lutar para vencer, é estar a caminho da verdade, só conseguida com tenacidade. Não deixeis que ninguém caia no desânimo ou desalento. Dai-lhes provas de como se consegue as coisas com vontade firme, fortalecida pela fé.

Aqueles que iniciarem sua caminhada deste ano sem coragem e sem esperança, já podem considerarem-se vencidos. Aqueles que, embora sofrendo a derrota e a dor, saibam fortalecer-se na fé e na esperança, podem, desde já, considerarem-se vitoriosos. Continuai a ensinar que a estrada da espiritualidade pura é amparo para todos, mostrando o caminho para a resposta certa a cada pergunta formulada. Dizei sempre que Maria vibra o amor mais profundo por todos os filhos da Terra e a todos acompanha, quando mais pensam que estão sozinhos, quando falta a mão amiga do companheiro que veio para o Alto, ou que desistiu da luta e da responsabilidade da família; quando falta o carinho da mãe, que abandona um filho e o companheiro se vê sozinho para encaminhá-lo; quando lhes falta a luz dos olhos ou do espírito; quando o ser sucumbe na batalha da vida contra a maldade ainda existente entre os homens; quando a criança chora ou o ancião não consegue mais sorrir. Quando faltar tudo que vos ajuda a viver ou a própria coragem de caminhar, aí estarei presente ao vosso lado. Mas, ainda assim, continuareis perguntando: De que forma? Aprendei que o Pai dá luz aos espíritos que desejam servi-lo, para que esta luz possa se transportar a grandes distâncias, assim como o foco da luz de cada estrela. Quanto maior for o desejo de trabalhar, não para nos vermos em mais luz, mas para podermos com maior intensidade nos transportarmos em todas as direções e falarmos com todos os corações que nos chamem, mais o Pai nos dá para que possamos dar.

Perto dos humildes e dos tristes estarei dando forças ao fraco e coragem ao desanimado, servindo ao Pai, desdobrando meu amor por todos que vivem em busca da luz, esquecidos de que também são luz e, portanto, bastando apenas que queiram servir ao Pai para verem sua luz ampliar-se em ajuda ao próximo, em louvor de Deus.

A bênção da Mãe do Alto,
Maria de Nazaré

Amar ou ser amado?

Evidentemente, para vós, a resposta imediata seria que melhor é ser amado. Quem ama, sofre, se entrega sem por vezes nada encontrar em troca desse sofrimento. Esqueceis, porém, que não possuindo uma só vida, várias são as situações que se repetem. Quem ama já foi amado, quem é odiado já odiou. Mas de que serve construir o que não seja só amor, se somente o sentimento puro e desinteressado do amor poderá construir felicidades futuras? Tudo ocorre porque a humanidade ainda não compreendeu o significado do sentimento pelo qual Jesus tanto lutou para deixar sobre a Terra. Somente à sombra dos troncos desta árvore meiga e acolhedora todos poderão sentir-se felizes.

Confundem amor com escravidão, mais esperando do que dando, mais pedindo que oferecendo. Amor deve ser sentimento desinteressado. É servir pelo prazer de dar-se. Porém, cobram mais do que dão. O dia em que compreenderem que realmente feliz é aquele que ama desinteressadamente, sem cobrar, sem pedir, aí então sim; o envolvimento neste sentido será como um ímã de forças, atraindo mais amor, mais carinho. Amor que entre os homens não terminará pelo fato de chegarem as primeiras rugas, os primeiros cansaços. O amor entre os esposos será ternura duradoura e bela. Buscai no amor a compreensão, a aceitação; exigi menos e dai mais e ficareis admirados de ver a atração da vibração amorosa, trazendo a paz do carinho puro e verdadeiro.

Amor entre os homens é igualdade e perdão. Quem disser que ama sem ter tido a oportunidade de perdoar, não pode ter amado. Sem perdoar, pairará sempre a dúvida sobre esse sentimento. Quem diz amar e não soube perdoar, nunca amou. O amor no perdão é a prova mais perfeita a que estão sujeitas as criaturas para serem testadas na sua força espiritual de amar. Amor verdadeiro, sem egoísmo, com o perdão mesmo na dor maior. Amar entre os homens é não pensar só em si mesmo, é dedicar o melhor de suas preces e de sua caridade, ao bem-estar e vida de seus semelhantes. Quem disser que ama e não pratica a caridade, não conhece o amor do Pai, pois que Ele nos enviou a diferentes planetas para que pudésseis aprender a unir-vos e aprender a amar-vos como Seu Filho Jesus veio ensinar-vos a amar. A amar, perdoando; amar, aceitando; amar amando.

A bênção da Mãe do Alto,
Maria de Nazaré

Eu espiritual

Desligai o eu material e deixai que este seja envolvido pelo eu espiritual. Vosso eu material vive, age e reage nas vinte e quatro horas do dia. Deixai crescer o eu espiritual ao menos na hora das reuniões espirituais, na hora do congraçamento, para a mais perfeita união nas preces.
A matéria faz suas exigências e estas são atendidas. É mais fácil atender às exigências da matéria, porque vossa mente que se subdivide em sete etapas diferentes é mais facilmente comandada pela parte relacionada à matéria. Mas, e vosso eu espiritual? Este necessita do eu mental para fortalecer vossa vontade e deixá-lo crescer. Assim não deveis perder os momentos de paz para o fortalecimento da mente espiritual, comandando e anulando a mente material.
O que é matéria, não pode prescindir de matéria e faz suas exigências e luta desesperadamente pela única forma de vida que conhece. O que é espírito, sofre, porque, na maior parte das vezes, se encontra subjugado e anulado pela força da matéria e não consegue lutar pela forma de vida que conhece e precisa: A vida que vem das emanações do Cosmo e que o alimenta e anima. Tenta então lutar e agarrar-se à pouca luz que consegue absorver. Sente, sabe e conhece, porque raciocina, que não terá forças para a matéria se o espírito estiver enfraquecido e triste, desnutrido das luzes espirituais. Mas que fazer se lhe dais tão poucos momentos para buscar a luz. Se dais mais valor às necessidades do corpo, do que às necessidades do espírito? Sentai à mesa das alimentações físicas, mas sentai também à mesa das refeições espirituais.
Vosso banquete aí está, luzes são distribuídas em profusão, mediante a boa-vontade e a entrega consciente, na anulação do eu para atendimento das necessidades espirituais. Deixai-as penetrar o eu material. Quando tratardes de coisas espirituais, vereis com alegria, corpo e espírito saudáveis e felizes, cada qual recebendo o alimento certo na hora certa.
A Mãe do Alto,
Maria de Nazaré

Jóias a lapidar

Juventude desamparada e triste é aquela que, abandonada pelos pais, procura a paz que lhes falta nas más companhias, sem condições de escolher entre o bem e o mal. Culpar alguém, de que serve? Ajudar sim, com os recados que trazemos, de coração, para os pais dos dias presentes: Cuidai com amor e firmeza destas jóias que vos foram entregues para lapidar. Compreendei que os jovens de hoje são espíritos que vieram ao mundo com missão pacificadora para harmonia entre povos e criaturas. Os que se acham esquecidos é por estarem afastados do contato com o Alto. Vivem à procura da Paz que não sabem terem vindo para construir. De que forma poderá então o Pai que lhes deu esta missão, orientá-los? Através de uma crença, qualquer que seja, que lhes dê a condição de se reconhecerem como geradores da Paz que procuram e não encontram, porque deveria partir exatamente deles que a vieram construir.

Não lhes falteis com o amor, pois esta falta é que lhes inunda a alma de fraqueza, que os faz errar em busca de algo que não conseguem encontrar. Suas roupas e seus cabelos são um protesto de paz na volta ao passado. Procuram através das formas mais variadas demonstrar-vos que liderastes até o presente momento e que tudo está errado. Crianças não nascem para andar em meio de guerras ou guerrilhas. Populações não se formam para ser destruídas por material atômico que abala as entranhas da Mãe Natureza.

Ajudai os jovens a construir um futuro de paz, amando-os e compreendendo-os. Dai-lhes o que sempre esperaram de vós, a compreensão, a proteção em sua caminhada insegura, até que possam se encontrar e assim passar a ajudar-vos com os conhecimentos que possuem e que são muitos porque são espíritos pacificadores e por isto mesmo espíritos de grande sabedoria.

A Mãe do Alto,
Maria de Nazaré

O momento presente

Meditemos sobre a importância do momento presente. Todos os momentos são importantes e deveis vivê-los intensamente. Viver cada instante dando-lhes o devido respeito e consideração. Se assim não agirdes, ao transpor a barreira da vida física para a espiritual, sentireis saudades daquilo que deixastes de fazer no momento exato, ou seja, quando vosso eu pedia ou pensava necessitar de algo em sua escala espiritual, mais ou menos evoluído.

Àqueles que ainda apreciam determinados divertimentos que não lhes prejudique moralmente, certos alimentos etc., confirmamos, aqui, que a natureza humana não pode modificar-se tão rapidamente, mas deve antes procurar a tranquilidade trazida por uma purificação raciocinada, pedida por um espírito que não vá sentir-se prematuramente roubado em seus anseios. Cada um possui um estágio próprio de evolução; que procurem então práticas saudáveis ao espírito, mas que esta procura seja acima de tudo sincera. De nada servirá uma espiritualidade forçada ou imposta. Isto importaria em tempo perdido na vivência terrena, que lhes impediria de viver o momento adequado aos anseios, sem lhes trazer a evolução que julgariam conseguir através de grandes sacrifícios.

Pedimos apenas reflexão por parte dos filhos da Terra, pois assim poderão buscar o caminho do aperfeiçoamento, seja em costumes ou alimentação. Tornar-se puro pela alimentação e continuar com os mesmos defeitos morais, poderá trazer-lhes uma saúde ilusória que não manterá o interior purificado. Já que a pureza vem da grandeza do espírito, devem todos procurar uma harmonia constante entre alimentação, os costumes, a moral e o espírito. A caminhada deve ser conjunta, paralela, consciente e acima de tudo sincera. Quando buscarem em tudo, a sinceridade como lema de vida, passarão a dar o verdadeiro valor a cada momento, porque realmente cada um tem grande importância no todo de uma atual vivência que será a construtora da vivência espiritual e eterna.

A bênção da Mãe do Alto,
Maria de Nazaré

Coração cheio de fé

Muitos têm sido os mensageiros do Senhor enviados ao mundo, trazendo sempre o mesmo conselho de amor: Buscai a Fé! Será este pedido uma insistência descabida? A mensagem é sempre a mesma, em linguagem diferente, vários estilos, porém sempre a mesma essência. Já é tempo de compreenderdes que a Fé é vossa salvação.

Um coração inundado de Fé é alegria para quem o possui e para quem quiser escutá-lo. Um coração cheio de Fé empresta à palavra sua força e vibração como se fora um gerador a transmitir energia para impregnar a palavra de amor em ajuda ao próximo. É o calor que cresce dentro do coração e transforma-se em ensinamentos firmes e cheios de certeza. Vede bem a grande necessidade que se faz urgente para todos; a certeza como lema vinda do impulso do coração que vos guiará os passos pela vida inteira. O mundo sofre por falta desta certeza e assim cresce a insegurança e a descrença. O pensamento negativo cria forma e passa a tomar conta de vosso ser. Sofreis e cada vez mais vos sentis desamparados e tristes. Pobres filhos! Abri vosso coração para o calor da Fé e deixai-a crescer intensamente para que este calor vos acalente a alma, trazendo-vos a confiança, a certeza de nossa presença sempre a vos servir.

Nossa vida não é contemplativa, porque, como mensageiros do Pai, somos responsáveis por vós, filhos queridos, e assim não podemos viver na tranqüilidade de nossos Planos, enquanto virmos tantos corações congelados pela descrença. Chamai-nos e deixai-nos penetrar vossos corações e aquecê-los. Conosco vossa palavra será repleta de vida, porque de um coração banhado de Fé e somente a Fé e o amor vos poderão ajudar a viver.

A bênção, na tarde de hoje, da Mãe do Alto,
Maria de Nazaré

Simplesmente viver

Viver, eis o tema de hoje. Viver para sentir a vida em toda sua beleza. Doenças, quem não as tem? Aqui viestes exatamente para resgatá-las. Poderemos até pedir-vos para bendizê-las, louvando ao Pai pelo novo corpo de carne para expurgá-las. Tristezas, quem não as possui? Bastará procurá-las e as encontrareis. Saudades, quem não as sente? Um ente querido que partiu, um amigo que se afasta por incompreensão. Até mesmo pensando na infância descontraída, sentireis saudades. Mágoas, quem não as terá em um planeta ainda alimentado pela maldade?

Mas, filhos queridos, por que vos apegardes a todas estas coisas que não vos permitem observar o colorido dos dias e das noites? Por que pensar nas doenças, mágoas e saudades, quando tudo à vossa volta é vida? Procurai unicamente viver o momento presente, com a alma esperançosa no futuro e o coração tranqüilo no passado, que como tal, deve somente trazer-vos a lembrança dos ensinamentos úteis.

Bendizei os que vos fizeram chorar, foram eles que encheram vosso caminho de luz. Bendizei todas as dores que vos fortaleceram o interior e continuai vivendo simplesmente. Vivendo pela alegria de servir e de amar.

Quando chegardes à Pátria Espiritual, ireis compreender quanto tempo foi perdido, quando deixastes de viver, mantendo o pensamento preso na dor que vos agradava construir. Deixai o passado e suas dores para trás e iniciai uma vida pelo amor, uma busca de paz que vos cobrirá de bênçãos até então desconhecidas.

Sorride e fazei sorrir. Alegrai-vos e alegrai, pois, assim, todos os bons espíritos se acercarão de vós pelo prazer de vos ver apreciar a vida em toda sua força, ensinamentos e beleza.

A bênção da Mãe do Alto,
Maria de Nazaré

Paisagem definitiva

Se pretenderdes fazer um passeio em qualquer recanto da Terra, ireis informar-vos sobre os mais interessantes, pois que não desejareis desperdiçar vosso tempo precioso para o descanso e o prazer. Concito-vos agora a meditar na importância da preparação da paisagem de vossa mais certa viagem, ou seja, à Pátria Espiritual. A paisagem ainda não está definitivamente delineada para vós encarnados. Caberá a vós próprios delinear-lhe o contorno, com as realizações do presente.

Meditai muito e iniciai a construção da mais bela paisagem para deleite de vossa visão espiritual. Os mais belos caminhos poderão aguardar-vos e os mais encantadores prados, se souberdes construí-los com as cores vivas do amor, da compreensão e alegria de servir ao próximo. Para os estudiosos, vasto campo de literatura e perfeitos instrutores para esclarecê-los. Para os que apreciam crianças, as mais encantadoras criaturinhas que, em seus planos de espera, são a alegria dos puros e simples.

Enfim, tudo podereis encontrar, de acordo com vosso empenho de evolução. Começai a construir este belo futuro de formas encantadoras e harmoniosas, porque, com o desejo de crescer servindo, trabalhando sempre na humildade e simplicidade, a ele fareis jus. Vossos irmãos espirituais vos estarão esperando pelo prazer de mostrar tudo que de belo construístes quando na Terra, porque soubestes viver com Jesus no coração.

A bênção da Mãe do Alto,
Maria de Nazaré

Planos de luz, planos de paz

Planos de luz e paz são condições possíveis a todos os espíritos de Deus. Elevai-vos na busca desta luz e desta paz para vossos espíritos. Em vós está a força para vencer, em vós está a estrada que vos mostrará os mais belos caminhos em direção à paz. Como podereis viver envoltos em vossas próprias dúvidas e temores? Como podereis viver destruindo tudo de belo e de bom que existe em vós? Deixai brilhar em vosso interior a luz da sabedoria, sábia inspiradora da mais tranqüila paz, sábia inspiradora das mais belas verdades. Buscai a paz como companheira de vossas vidas, negai a escuridão da dúvida que tenta se apossar de vós, iluminando vosso coração na mais sincera entrega de uma prece que será a asa de um pássaro elevando-se no vôo mais alto em busca da luz que brilha e estará sempre brilhando, porque é a própria divindade em oferenda simples através de toda a Natureza. A própria vida à vossa volta é a divindade em vosso socorro. Observai a vida, aproveitando o minuto presente que é de ensinamento.

Convosco estaremos sempre trazendo Nossa segurança de acompanhantes nestas estradas por vezes bem difíceis, mas sempre luminosas de ensinamentos. Vinde como crianças queridas buscar em nosso regaço o carinho que temos para vos dar. Vinde buscar nosso amparo e nosso amor. De que forma, perguntarão aqueles, e diremos: toda vez que, mesmo tristes, conseguirdes sorrir para outros tristes; toda vez que souberdes agradecer as graças recebidas, muito embora distantes; toda vez que vosso coração se iluminar em uma prece, nós estaremos presentes com os braços abertos para vos ofertar maior força e confiança.

O Pai sabe a quem pede sacrifícios, e sabe bem porque os pede. Quando em meditação alçardes o vôo ao Infinito e encontrardes a luz que nem todos querem ver, porque não possuem ainda vossa confiança, ireis compreender por que os pede.

Confiai mais, esperai mais, e vinde buscar em Nós a ajuda, porque sabemos bem a quem pedimos.

A bênção da Mãe do Alto,
Maria de Nazaré

Provas difíceis

Procurai a espiritualidade pura no caminho da elevação moral. Moral elevada na busca constante de aperfeiçoamento no mais sincero perdão, em todas as circunstâncias que não vos sejam agradáveis.

O caminho da evolução não é o mais fácil, mas sim o mais difícil. Fácil seria viver somente para o momento presente, esquecidos de tudo que vos possa causar contrariedades e aborrecimentos. Mas o que será do aluno que abandonar as provas mais difíceis para buscar o lazer e a distração? Existe uma hora certa em todos os momentos. Buscai o momento exato em cada hora. A meditação nos fatos desagradáveis vos auxilia a compreendê-los e, compreendendo, aceitá-los. Uma vez aceitas as contrariedades, esta evolução vos faz vencer as etapas mais difíceis.

Poderá parecer-vos árdua a luta entre o bem e o mal. Realmente, se os alunos da Terra não dispusessem de instrutores amorosos, as dificuldades seriam imensas. Porém, filhos queridos, neste e em todos os momentos, tendes a luz dos mais puros mensageiros do Senhor a guiar-vos os passos, iluminando os caminhos. Dai a eles vossa cooperação, abrindo-lhes o coração e a mente espiritual para que, através deles, vos cheguem os conhecimentos e a força que desejam e vos podem dar.

Aceitando a ajuda do Alto, passareis a beneficiar todos que de vós ouvirão as verdades mais perfeitas. A palavra amorosa que lhes abrirá o caminho do Céu.

Aprendei para difundir, aprimorai-vos pelo estudo e assim ajudareis a construir o futuro das almas puras, que já começaram a chegar e que continuarão chegando para provar o mundo de um Deus que estará bem mais perto. Não quero dizer que o Pai hoje esteja distante de vós, mas apenas que vós o colocais a uma distância que não existirá para aqueles que saibam amá-Lo e, amando-O, sentir-se-ão fortalecidos e amparados para todo o sempre.

A bênção da Mãe do Alto,
Maria de Nazaré

Comunhão com o Senhor

Viver para seguir os passos de Jesus! Tão-somente para tal deveis volver vossos espíritos, se desejardes encontrar a verdadeira vida. A vida dos que vibram para doar sua vibração. A vida dos que ganham o pão da sabedoria para dividi-lo com seus irmãos.

De que serviria viver, irmãos e amigos, se não vos dedicásseis a mirar-vos todos os dias no espelho da verdade, aquele que não mente e não enfeita ninguém, porque mostra o vosso interior e não a aparência retocada da vida terrena.

Viver da alegria de dar, da pureza de servir, para então verdes a verdade bem delineada à vossa frente. A verdade que está oculta ao olhar pouco observador. Assim como os órgãos de vosso corpo são iguais para a medicina terrena, até que estudados meticulosamente mostram em suas entranhas que, embora iguais, vibram e reagem de forma diferente, de criatura para criatura.

Deixai que vosso coração imite o Coração de Jesus. Deixai que esta busca de perfeição possa vos unir cada vez mais a Ele. Buscai a comunhão perfeita de espírito ligado à perfeição, pela humildade de saber que nada é, mas que com Jesus poderá ser tudo.

Deixai que vossa mente, na procura de Jesus, distribua sua força. Deixai que vossa palavra suba aos lábios inspirada pela doação do coração ligado a Jesus e estareis refletindo a palavra de Jesus.

Vibrar com o Mestre. Amar com o Mestre. Trabalhar com o Mestre. Todo ser, coração e mente na busca da mais perfeita comunhão com o Senhor.

É o conselho que vos deixa hoje, a Mãe do Alto...
Maria de Nazaré

A palavra do Senhor

Há séculos a palavra do Pai é repetida por profetas, mensageiros e enviados. A palavra é sempre a mesma, embora a linguagem seja diversa, de acordo com os povos que a recebem. Mas, até hoje, as mesmas palavras se repetem, parecendo que são esquecidas e que assim o homem se esquece de Deus.

Porém, quando a aflição aumenta, através das dificuldades, das guerras, ou tormentas da atmosfera cansada, o homem começa a rebuscar, em sua memória espiritual, a lembrança daquela palavra que ouviu, durante os séculos que viveu em diferentes latitudes do globo terráqueo. É que o espírito não esquece. Ele adormece, mas não esquece! Até o próprio temor a Deus é consciência de erros que estão aparentemente esquecidos.

Não deveis, porém temer, porque se o Pai vos enviou tantas vezes e em todas as vezes, juntamente um profeta para vos esclarecer, é porque, sendo sábio, conhece vossas fraquezas e sabe que precisais: ouvir sempre a sua palavra através dos profetas, pelos séculos a fora, para não vos perderdes.

Aceitai esta oferenda do Pai; lembrai-vos da última palavra do último profeta do Amor, Jesus, pois se todas as outras vozes esquecestes, esta não esquecereis, porque foi vibrada com o mais puro amor e continuará pelo tempo, vibrando esse amor.

Elevai o pensamento em prece e estareis no círculo da vibração do puro amor, da palavra de Jesus.

Com a lembrança do Mestre em vossa mente espiritual, encontrareis a força para compreender a morte e mais que isto encontrareis a força para compreender a vida.

A bênção da Mãe do Alto,
Maria de Nazaré

Zelo ou dúvida

Toda criatura que deseje servir em qualquer modalidade de trabalho na face da Terra, seja ele caritativo ou no próprio benefício, deve saber separar dois terrenos que, embora se pareçam ou se confundam, são inteiramente distintos entre si. O terreno do zelo é belo jardim cultivado com carinho, para que tudo floresça. Nesse jardim, o bom jardineiro, zeloso de suas obrigações, estuda até a posição do sol e tudo que possa favorecer o desabrochar dos frutos e das flores. Mas, bem perto do terreno do zelo e do cuidado está o terreno da dúvida, perigoso, pantanoso, escorregadio. Cuidai de saber onde terminou o primeiro e começou o segundo. O cuidado, o zelo é bom para que o trabalho seja produtivo e correto. A dúvida é a descrença, o horror. Perto dela estão a falta de fé e confiança no próprio trabalho. O terreno torna-se difícil de ser percorrido, os pés não se sentem firmes, começam os pedidos de auxílio a quantos passam por perto. Esquecem-se de que quem caminha em terreno pantanoso também se encontra na mesma posição de duvidoso, temeroso, descrente.

Já vos falamos da fé cega, que também é perigosa. Podemos parecer-vos incoerentes, mas somos apenas lógicos dentro da sabedoria e da grande verdade de que nada pode existir para o bem, sem o raciocínio do equilíbrio firmado no zelo. O cuidado que não ultrapasse o terreno sadio para penetrar no da dúvida. Procurai firmar vossa fé na comunhão mais pura com o Senhor. A luz do Mestre Jesus vos curará de todas as preocupações doentias, de todos os exageros que vos levam à descrença e à queda total. Alicerçai vossa fé com a oração pura, feita com o coração liberto de maldades, sentimentos inferiores. Assim chegareis ao porto seguro da fé, da certeza, da beleza da flor cultivada no mais belo jardim onde o jardineiro soube adubar as plantas com zelo e cuidados raciocinados, meditados, estudados, mas nunca levados para o terreno pantanoso da dúvida.

A bênção da Mãe do Alto,
Maria de Nazaré

Fé e razão

A fé e a razão devem sempre andar de mãos dadas em todos os caminhos. A fé deve ser raciocinada e compreendida para que seja perfeita. A fé cega pode levar-vos a despenhadeiros ou embustes armados para testar vossa verdadeira comunicação com o Plano Elevado da Criação. Raciocinai e meditai na beleza da Fé pura e verdadeira, no raciocínio e compreensão para a aceitação.

"Jesus não deseja fanáticos que o adorem", todos já sabeis, mas amigos e irmãos, unidos em sua obra de servidor do Pai. Uni-vos a Jesus, procurando o porque de tudo que fazeis, para saberdes como fazê-lo.

Raciocinando estareis meditando em contato permanente com o Senhor e assim dentro de Sua graça e Sua ajuda.

Somente dentro da fé consciente podereis levar a todos a palavra dos Evangelhos, o sentimento de tudo que Cristo pregou e lutou para vos deixar nas palavras que ajudam e ajudarão sempre a construir um mundo melhor.

Se vossa fé for cega, afastai-a de vós. Meditai em vossa fé buscando o Cristo no coração e o Senhor despertará em vós a força que vos fará sentir o desejo de trabalhar na causa pura da caridade e da ajuda na hora necessária.

Em vossa meditação estão presentes os anjos bons do Senhor e vossa aura se ilumina na luz do Senhor.

A bênção da Mãe do Alto,
Maria de Nazaré

As luzes cósmicas

O bem está em todos os lugares em forma de colorido ou luz. As luzes cósmicas que se unem e se entrelaçam ao serviço do Pai são as próprias vibrações dos trabalhadores do Espaço em seu concurso amigo, chegando a vós em forma de bênçãos e graças. Deixai que vosso espírito se envolva nesta graça, pela entrega do coração com pureza. Vosso espírito necessita destas luzes, não pode viver sem elas. Quando viveis somente para os prazeres da vida material, vosso espírito sofre. É preciso que haja o equilíbrio, a harmonia de um viver para a alegria pelo bem da Terra e as alegrias espirituais, que só poderão ser sentidas através da procura do espírito pelo espírito. Na comunhão com as coisas do Alto sereis felizes, criando a harmonia em vossa vida e equilíbrio no cumprimento de tarefas espirituais e materiais.

O Senhor não interfere em vossas ações; não vai buscar-vos ou fazer-se lembrado em meio às vossas alegrias terrenas, porém é logo lembrado por vós na hora da dor. Mas o Senhor não continua ausente na hora da dor, aí é que Ele se faz mais presente ainda, através das respostas e das graças que envia para todos que o buscam em aflição.

Procurai as alegrias simples, a vida simples, para que o Senhor possa estar presente em todos os momentos de vossa vida, Eu vos garanto que é doce viver com Jesus no coração. Por mais que quiserdes buscar a impaciência ou a incompreensão, não conseguireis, pois Jesus é suavidade e paz, e estará vivendo em vós.

Vivei com Jesus e sereis felizes, assegura-vos a Mãe do Alto,

Maria de Nazaré

O estudo

Mesmo antes de nascerdes, vosso espírito já estudava. Ao dar o primeiro sorriso a criança ensaia ou estuda como fazê-lo. O estudo faz parte do desenvolvimento de todos os atos e todas as consciências. Ensinais os primeiros passos à criança e esta os estuda. Uns são mais cautelosos, outros mais afoitos, porém todos estudam a melhor forma de caminhar. A vida continua, sempre ensinando a cada instante, em cada esquina. O que seria do homem sem o estudo? Assim aprendeis a conviver, a lidar com o próximo e estudais a própria vida em cada irmão. Cada ser é um elemento de estudo para os mais observadores. Porém, paralelamente ao estudo das coisas materiais, deveis aprimorar-vos no estudo das coisas espirituais. Começai a aprimorar a confiança e a paciência para com todos. Alguns há que são difíceis até mesmo de entenderdes, mas mesmo assim, com a compreensão estareis encaminhando-os para o amor.

Estudai vossas atitudes de cada dia e arrependei-vos dos atos maus. Ao arrepender-vos, pedi perdão e o Pai vos perdoará, porque fizestes uso do estudo para o aprimoramento do espírito. Presente a todo esse esforço estará o Mestre dos Mestres, com seu olhar misericordioso, derramando o maior dos ensinamentos: a luz da benevolência, da misericórdia, na paz e na esperança, da boa vontade de seus filhos para com o aprendizado que Ele vos traz com todo amor. Recebei também com amor esse ensinamento e vosso curso estará terminando.

A paz da Mãe do Alto,
Maria de Nazaré

O dinamismo do momento

Era da energia, da força, da dinâmica. Era da pressa. Tudo e todos correm vertiginosamente, muitos sem saber para onde vão. O momento é da pressa. Tudo isso é até certo ponto inconsciente. Realmente, o momento presente é da pressa, porque chegados estão os tempos da verdade, da justiça e do amor. Porém não vos deveis preocupar, porque esse tempo que vos parece inimigo, sempre foi vosso maior aliado, o amigo colocado ao vosso lado pelo Criador, como solução para todos os problemas. Ao sofrer uma injustiça, uma dor, a perda de um parente, vos sentis envolvidos pelo momento presente e sofreis. Mas o bom aliado, "o tempo", vosso amigo, tudo irá resolver a contento. Aguardai confiantes que o tempo do Senhor vos trará a ajuda. "Roma não se fez em um dia", é ditado de todos conhecido. Nada ou ninguém se prepara ou se ajusta sem a ajuda do aliado e sábio tempo. Ajudai-o com a necessária paciência, e após o prazo determinado pelo Criador, olhareis para trás e ficareis admirados de ver que tudo já passou, tudo se resolveu e vós mesmos crescestes em espírito, em trabalho e amor.

Entregai-vos ao coração de Jesus e de Maria, confiantes, pois possuímos a chave do tempo no Espaço. Tempo que não pode ser medido por vós, mas só por nós.

Quando sois escolhidos para uma missão, isto se dá pelo espírito e pelo sentimento, que só o Alto conhece. Não sois chamados por serdes letrados ou cultos, sábios ou conhecidos. Sois chamados pelo sentimento de amor que vos une à missão, no Alto e através dele todas as barreiras são transpostas dentro do tempo e do espaço — irmãos unidos e guiados pela luz do Senhor e de Maria.

Confiança e esperança da Mãe do Alto,
Maria de Nazaré

Esquecei quem sois

Despreocupai-vos do vosso eu, para unir-vos ao todo de vibrações e irradiações cósmicas. Vossa presença é usada nesta união de preces e de boa vontade. Esquecei quem sois e a que viestes, nada importa particularmente, mas sim e unicamente o todo. O todo significa amor, pureza. E tudo que pode e deve ser usado pelas entidades do Alto a serviço de Jesus. Quando o homem esquecer-se de si próprio passará a aceitar e compreender a vida de outra forma. Saberá ceder seu lugar, quando haja alguém que melhor possa servir. Saberá ajudar a todos sem se preocupar em ser conhecido.

Esquecei-vos de vós mesmos eu vos peço, para que possais ser verdadeiramente elementos de ligação entre a pátria espiritual e o vosso planeta. Quantos benefícios podem ser feitos através da entrega total. Cada um estará servindo ao irmão do lado, enquanto que este estará vos servindo também. Esquecidos de si próprios estareis trabalhando no todo para o bem e beneficiando até mesmo os que se encontram à distância. Não existem barreiras para o pensamento e muito menos para os espíritos que trabalham e viajam no fio do vosso pensamento. Dependerá de vós, quais as entidades que viajarão em vosso pensamento. Se ele for impuro carregará entidades de baixo teor.

Assim peço-vos, despreocupai-vos de vosso eu, abandonai tudo para servir e garanto-vos que o Alto não vos esquecerá um só minuto. Aqueles que cultivarem a vibração do amor, através do esquecimento de si mesmos, encontrarão respostas nas luzes do Alto que sempre estarão jorrando sobre suas cabeças como prova de amor e reconhecimento.

Sim, precisamos de vós que viveis no ambiente do planeta que desejamos ajudar. Só através de vós poderemos servir-nos mais de perto. Por isso pedimos muita prece para podermos trabalhar junto a planeta tão necessitado.

A bênção da Mãe do Alto,
Maria de Nazaré

O saber esperar

Sábio é saber esperar. Pobres daqueles que não procuram o consolo na sabedoria de uma espera paciente e boa. Tudo tem seu tempo, é bem verdade, e nem sempre ele é igual para todos. Assim o que têm a fazer é cultivar o dom da paciência que será a melhor amiga enquanto nuvens escuras tentam toldar a beleza de uma existência. A escuridão não será eterna, pois a luz renasce todos os dias nesta prova mais perfeita de que o dia sempre virá após a noite, clareando os ambientes e vossos corações. Dependerá de vós que a espera seja tranqüila ou desastrosa.

Sem orações e boa vontade sentir-vos-eis como crianças perdidas, mas quando elevardes vosso pensamento em busca de mão amiga, ela aí estará ao vosso inteiro dispor. Tudo então será calma e resignação, tudo será esperança porque vos estende a mão sempre, seja para trazer a resposta a um pedido, seja para vos pedir que espereis com coragem, pois eu mesma estarei intercedendo junto ao Pai pelos vossos pedidos, vossas aflições. Não desespereis jamais, porque não cansamos de procurar servir-vos.

Procurai ler para compreender as causas de vossas dores. A reencarnação já é explicada até cientificamente e assim não tenhais dúvidas de que as dores do presente se prendem às culpas do passado. Aprendendo, podereis melhor carregar vosso fardo, suportar vossas dores. Porém, quando tudo houver passado e o sol brilhar no horizonte, alguns se esquecerão facilmente do passado porque esse não foi agradável. Esquecerão até de orar novamente, uma vez que não mais precisam do Pai. Assim é que, infelizmente, a dor ainda vem sendo a melhor maneira, pelos séculos afora, de unir a criatura a seu Criador.

Procurai aprender bem esta lição e jamais afasteis vosso ser do Deus que vos criou, pois nos dias de hoje estais construindo os dias de amanhã, nos quais, não tenhais dúvidas, ireis dar contas de cada ato, de cada pensamento.

    Procurai-me através da prece e estarei sempre ao vosso lado, ensinando-vos o dom da paciência, bem cultivada, para construirdes um futuro cheio de glórias e de paz.

    A bênção da Mãe do Alto,
Maria de Nazaré

Intercâmbio de amor

Uni-vos enquanto na Terra para que esta união seja eterna no Espaço. Os espíritos se unem enquanto lutam, mas por vezes estas lutas vêm desunir estes filhos mal avisados e que não compreendem as belezas e a grandeza de amar, de perdoar, de se unir.

A jornada é longa e os caminhos são muitos. Estes caminhantes se unem em grupos com o nome de famílias, religiões, seitas e irmandades. Eles nunca se unem por acaso e sim para cumprir a sua trajetória de luz, de aprendizado, de sabedoria. É necessário, portanto, que se capacitem da importância deste auxílio mútuo, desta vivência em comum. Que os esposos saibam auxiliar as esposas e que estas saibam auxiliá-los e a seus filhos. Que as irmandades se unam em vibração de paz, para melhor servirem. Aqueles que souberem unir-se saberão melhor cumprir suas missões, porque estarão fortalecidos uns pelos outros e todos pelo Pai.

Uni-vos enquanto é tempo, enquanto a jornada de vossas vidas ainda está em andamento. Quando aqui chegardes compreendereis a alegria dos amigos e parentes que partiram e que daqui vibram pelos familiares que ficaram, como prova deste intercâmbio de amizade sincera. A maior alegria dos que aqui chegam é saber que os que ficaram sabem orar, pois daqui já podem ver o poder que tem uma prece. Vós não podeis ver, mas sim sentir, escolhendo um momento do vosso dia para recolher-se em prece e sentir a beleza da suavidade da prece que vos traz a paz como resposta. Todas as dúvidas se dissiparão e voltareis a ser felizes.

Recebei o que do Alto tanto vos enviamos, pois nossa alegria é ver toda dor e toda tristeza serem definitivamente afastadas de vós.

A bênção e a Paz da vossa Mãe do Alto,
Maria de Nazaré

Alegria

A alegria é como o sol que, brilhando, traz luz e vida para todas as coisas.

A alegria é paz trazida à Terra em forma de sorriso. Alegrai vossa alma através da prece e podereis servir de canais de comunicação com Aqueles que desejam desanuviar o ambiente carregado da Terra.

Chega de tanta amargura: Por que vos comprazeis na dor e na angústia? Procurai o lado bom de todas as coisas e criaturas e ficareis admirados de ver que realmente todos têm o seu lado bom.

A paz traz a paz e o amor irradia amor; assim a alegria ilumina todos os caminhos, espalhando a paz em forma de sorriso.

Quando alguém vos chegar cansado e triste, dai vosso sorriso e vossa alegria e o tornareis tranqüilo e compreensivo, partindo acalentado e feliz.

Sorri, filhos queridos, a vida precisa de vós. Não espereis receber sempre, aprendei a dar. Vosso pagamento, não o tereis na Terra quando sorristes, tornando mais fácil o caminho dos que vinham tristes.

A bênção da Mãe do Alto,
Maria de Nazaré

Os obstáculos do caminho

De que vos serviria a vivência na Terra se vosso caminho fosse sempre feito de luzes e bênçãos, sem obstáculos?

Em geral, são os obstáculos do caminho que vos fazem perceber como a jornada vinha fácil e tranqüila. Quando as sombras se apresentam, dais valor à luz, sentindo a sua falta. Não maldigais os perigos e as tristezas do caminho, porque eles são a sombra que vem realçar a luz.

Quando houverdes transposto as dificuldades e as sombras, não esqueçais tão depressa destes amigos que vieram a fim de vos mostrar o caminho do bem e da paz. Meditai nos momentos de angústia — foram eles que vos fizeram orar com fervor, que vos aproximaram do Pai, do Senhor Jesus, vosso irmão e amigo, e desta Mãe.

Não permitais que esses ensinamentos se percam na poeira dos caminhos; agregai-os ao vosso ser, porque com eles estareis na senda da Verdadeira Vida, vida de perdão, compreensão e amor.

A bênção da Mãe do Alto,
Maria de Nazaré

Simplicidade

Sede sempre simples em vossa vida, em vossa palavra. Na simplicidade está assegurada a pureza, a impossibilidade de penetração das vibrações inferiores.

A vibração existe e faz parte do todo do Universo. De vós dependerá receber as vibrações puras, simples, libertas da influencia dos impulsos irrefletidos. Esse tipo de impulso faz parte do vosso eu humano, a reflexão faz parte do vosso eu espiritual. Evitai os impulsos de momento, comandados exclusivamente por vosso eu descontrolado. Procurai a passividade que provém da reflexão, pois que esta será sempre produto da vibração mais pura enviada pelo Pai, a aqueles que se entregarem pacificamente ao intercâmbio com entidades a serviço do Alto, procurando não interferir com impulso, irmão da falta de reflexão.

Existem muitas entidades a serviço de Jesus que desejam comunicar-se, instruir-vos. Aperfeiçoai vosso ser, libertando-vos da inferioridade e assim podereis ser usados como instrumentos que só poderão progredir neste intercâmbio de auxílio. Sereis como a fonte que se purifica no recebimento de água límpida, purificando-se para melhor servir.

Sede simples, filhos queridos, pois aqueles que mais cultivarem este predicado, mais próximos de mim se encontrarão. Meu espírito pede simplicidade, pois é assim que ele vos serve também.

A bênção da Mãe do Alto,
Maria de Nazaré

Olhai para o Alto!

A fé é como a luz que brilha no horizonte, irradiada de uma estrela fulgurosa. Os caminhantes distraídos não conseguem vê-la, embora o Pai lá a colocasse para servir de guia e iluminação do vosso caminho.

Olhai mais atentos para a paisagem que vos cerca, toda vez que caminhardes. A cada passo encontrareis um ensinamento, uma prova de proteção do Alto conduzindo vossos passos. Caminhantes descuidados sois; tudo vos é oferecido e não quereis ver. Tendes os olhos fechados às maiores maravilhas da espiritualidade.

A estrela lá está à espera que eleveis vossos olhos para ela. A luz não precisa de vós, mas vós precisais da luz. Como ireis caminhar pelos espaços infinitos, se não vos acostumais à luz que vos servirá de guia? Como ireis pedir socorro aos amigos do Alto, quando não criais na Terra a comunicação com esses amigos?

O Alto e a Terra só podem comunicar-se através de vibrações! Os amigos vos esperam pacientemente; estendei para eles vossas mãos espirituais. Reforçai os elos que vos unem com as vibrações elevadas, porque eles existem.

Tudo é aprimoramento e aprendizado e não tendes um minuto a perder nesta escola que vos foi dada como prêmio e única forma de poderdes cumprir as missões a que vos propusestes.

Olhai sempre para o Alto! A estrela lá está, fulgurosa e bela, cheia de luz e poder para conduzir-vos pelos caminhos terrenos, mas, acima de tudo, para conduzir-vos pelos caminhos do espaço, verdadeira pátria, pátria cheia de planos, cada qual à espera do regresso de cada um dos filhos.

A bênção da Mãe do Alto,
Maria de Nazaré

Deus

Que os sábios me perdoem, mas a sabedoria é Deus. Perdoem-me os médicos, mas a medicina é Deus. Perdoem-me os cientistas, mas a ciência é Deus.

Vossa inteligência é Deus. Vossa energia é Deus. O sentimento, o amor e tudo de perfeito e puro que existir é Deus, morando em vós. São cegos os que não querem ver, são surdos os que não querem ouvir, pois Ele se encontra em vós. Ele fala convosco toda vez que vosso cérebro se agita, toda vez que vosso coração transborda de amor. Ele está aí para auxiliar os que nada têm. Quando admirais o belo na criança que brinca, Ele está ao vosso lado, dando-vos a certeza de Sua existência.

Sempre que sorris para alguém, sempre que perdoais, Ele vos sorri e vos perdoa. Sois uma partícula de Sua Excelsa Pessoa e ainda não conseguis senti-Lo. Porém, Deus é acima de tudo um sentimento através da espiritualidade que liga as criaturas com o plano elevado da criação, ligando-as com o próprio Deus: Sabedoria, Ciência, Amor e Perdão.

Procurai e O encontrareis. Lutai com vosso interior, argumentai com Ele. Reclamai... Garanto que Ele vos ouve compassivo e sereno. Argumentando, vós vos harmonizais com Ele ao invés de ignorá-Lo por displicência ou pouco caso. Assim, sois levados ao sofrimento, para que através dele possais encontrar-vos com Deus. Estais tão ligado com o Pai que bastará um pensamento de súplica sincera para que Ele vos atenda com Amor e Carinho.

A bênção da Mãe do Alto,
Maria de Nazaré

Viver, eterna forma de aprender

Imaginai que cada um de vós veio ao mundo com seu livro da vida, cujo número de páginas não é igual para ninguém, porque condiz com o número de dias necessários ao aprendizado de cada pessoa.

Cada dia é uma página que se vira, descobrindo um novo ensinamento. Dizeis por vezes que vossa vida é monótona; talvez o seja porque assim a fazeis. Procurai criar, amar, viver. Procurai conviver com o próximo na prática da caridade e tereis vossas paginas tão cheias de alegria e de vida que não mais a achareis monótona ou sem graça.

Cada dia traz algo diferente — uns dias mais alegres, outros mais tristes, porém todos muito belos porque trazem a permissão do Criador para que aconteçam. Louvai este acontecimento, louvai a vida, a vida é Deus. Viver é aprender, aprendendo podereis ensinar, ensinando vos perpetuareis. Amando sereis felizes.

Aproveitai cada página que for virada, porque o livro de vossas vidas tem um número certo de páginas e estas não são voltadas atrás. Caminhai para a frente com nossos ensinamentos e vereis chegar o dia de virar a última página. Ireis embora certos de haverdes cumprido bem vossas missões, sem haverdes deixado passar nenhuma folha sem que lhe désseis a devida atenção.

Viver é aprender, é amar ao Senhor e, principalmente, é caminhar para o Senhor com o coração cheio de reconhecimento, e não de mágoas. Mágoas são coisas criadas por aqueles que não amam o Senhor. Deixai de lado as mágoas e caminhai para o Altíssimo. Ele vos estará esperando para iniciar uma nova caminhada, muito mais bela, porque cheia de Sua luz.

A bênção da Mãe do Alto,
Maria de Nazaré

O homem luta por instinto

Lutar é dever de todo ser. Aquele que se entrega, se dá por vencido e não há quem possa ajudar. Vossa mente é vossa força, vossa amiga, vosso guia. Vossa mente é Deus. Ele vos criou e vive dentro de vós. O mais incrédulo ser vivente, mesmo que não aceite, traz Deus dentro de si. A árvore e as flores não têm conhecimento racional da existência de Deus e no entanto são mais sábios do que vós. A árvore cresce em louvor ao Criador. A flor se abre em reconhecimento de sua bondade para trazer alegria aos seus semelhantes.

Tudo é vida, tudo é força do Criador. Como podeis considerar-vos sem forças para lutar, para crescer? Só na luta encontrareis a paz da satisfação de um ser ativo, útil, unindo-se ao todo e sendo com o todo um pouco da dádiva do Criador.

Dai tudo que Deus vos dá e cada vez recebereis mais. Deus vos ama, vos dá a vida, vos dá oportunidade de lutar e, mais que isto, de vencer. Só não vencereis se não quiserdes.

Quem não desejará vencer? Buscai na prece a força que vos falta e dai todo o amor que tendes. Começai a sorrir e vereis que não é tão difícil assim. Alegria traz alegria e a dor traz a dor. Esquecei a dor e buscai a alegria. Junto a vós estarão os Anjos do Senhor. Do que derdes, dependerá o que recebereis. Não procureis a companhia dos tristes, dando-lhes tristeza; procurai a alegria dos puros, dando-lhes pureza.

Afinidade, Lei do Criador que une seus iguais. Aprimorai vossa moral e tereis os espíritos de moral elevada ao vosso lado. Porém, se não tendes paciência, se não dais amor, se não rezais com fé, bem triste e igual será vosso acompanhamento. Elevai-vos comigo em uma prece, pedindo ao Pai que vos afaste dos tristes e sofredores do Espaço, orando por eles.

Vossa mente já começa a trabalhar no positivo e imediatamente o Pai vos ouve e vos manda socorro, mas por favor não vos esqueçais tão depressa de quando éreis tão perturbado e triste, para não mais cairdes neste estado lamentável. Sede forte e poderoso com vossa mente comandando vossas ações para o bem e para a caridade e tereis como companhia permanente a mão desta Mãe a vos mostrar o caminho mais belo, porque cheio de paz.

A Mãe do Alto,
Maria de Nazaré

Comunicação

Para que seja ditada uma comunicação à Terra é preciso que aquele que a recebe creia na possibilidade desta comunicação. A falta de fé não tem permitido que grandes verdades surjam na face da Terra e, assim, continua o ser duvidando de tudo que vê, julgando através de seu entendimento e não crendo no que ouve.
Senti o significado de cada mensagem, dando ao vosso cérebro a necessária passividade através da crença. Não vos preocupeis, pois o que não for verdadeiro ficará guardado para estudos e será logo descoberto. A persistência, a pureza ideal e vontade de servir com sinceridade será vosso escudo, vossa proteção. Criais em vosso cérebro a própria proteção, através da prece e do esvaziamento da mente de tudo que não for puro. Esse é o vosso escudo e o vosso policiamento.
Deixai crescer a plantinha da fé que começa a criar forma em vosso coração. Quando conseguirdes praticar esta fé, ela se implantará definitivamente em vosso ser. Será como a planta em terreno bem adubado. O adubo é a prece e o amor. Colocai a certeza no lugar da dúvida. Sede positivos e só criareis imagens positivas.
Confiai no vosso Deus que é Pai dos Universos e vos ama a todos, regando a vossa plantinha de fé porque deseja que ela cresça tanto que possa chegar até onde Ele está à vossa espera. Esse lugar é o da Paz e do perdão, do amor e da calma. Quando alcançardes a fé, tereis brandura e candura, porque tereis o próprio Deus em vosso coração. Fazei do vosso corpo um santuário ao Senhor, oferecendo-Lhe morada, recebendo-O como hóspede de honra.
Que a luz do Senhor ilumine os vossos corações hoje e sempre.
A Mãe do Alto,
Maria de Nazaré

A natureza

Brancura de lírio, limpidez de água de regato, verde de matas, azul de oceano e mares. Toda a Natureza é Mãe e traz a pureza da Mãe que vive ligada ao seu Criador. Ligai-vos também ao vosso Criador, para poderdes ter a pureza da Natureza.

O silêncio das matas vos concita à meditação, a tranqüilidade do regato vos ensina a agir com placidez, a brancura do lírio vos lembra que deveis ser puros para merecer a graça do Divino.

O ser quanto menor, mais pequenino, mais perto de Deus está. Imitai os pequeninos. Sede humildes como o pobre que nas ruas vos estende a mão em súplica do pão de cada dia.

Sede mansos como o cordeiro dos campos que obedece ao silvo do menino que o conduz pelo caminho; sem esse condutor bondoso, ele se perderia pelos bosques. Sabe o cordeiro que precisa obedecer para não perder-se. Sabei obedecer também aos ditames do condutor de vossas almas, que vos chama a cada instante, através de seus mensageiros.

Observai o sorriso da criança e vereis a pureza de quem se entrega a um instante de alegria. Vivei também o vosso instante de alegria, procurando no sorriso a pureza da alegria do momento que passa. Não deveis perder esse momento, pois quando olhardes para trás ele estará muito longe e só o podereis buscar no pensamento.

Se vossa vida não sorri no momento, sonhai e encontrareis a esperança no sonho de um futuro melhor. Não prendais a mente nas aflições do momento, porque elas passarão muito mais depressa quando tirardes delas o pensamento.

Recebei a pureza da Natureza como dádiva que vos envia o Criador para vos mostrar a beleza da Paz na brancura de um lírio, flor de pureza. Abri vosso coração ao Criador na pureza de uma prece que traz a vibração do amor.

A Mãe do Alto,
Maria de Nazaré

Dar amor

Estender a mão significa dar amor. Jamais deveis procurar consolar, dar auxílio a um irmão ou estender a mão a um necessitado se não houverdes colocado nesse vosso gesto, grande dose de amor.

A caridade só é válida com amor. A reprimenda da mãe não ofende quando é feita com amor. A falsa compreensão e a falsa ajuda ferem mais do que o silêncio. Se não tendes amor para dar, silenciai.

Todo o sacrifício de Jesus passou à Terra e nela ficou como exemplo do mais puro profeta, porque tudo Ele vos trouxe com amor. A história está repleta de mártires, mas em nenhum foi tão sentido o Deus que preenchia todo o ser de Jesus, que possuía tanto do Pai em si que foi considerado o próprio Pai sobre a Terra. Deixai crescer a luz Crística que vive em vossos corações. Esta luz vos ajudará a aceitar os defeitos e as faltas de vossos irmãos. Estas faltas não vos incomodarão mais porque tereis conhecimento do Pai. Achareis natural estas faltas, como se aceita as faltas de uma criança, porque se sabe que ela não teve tempo de conhecer o erro ou a verdade. Encontrando o vosso Deus podereis perdoar, podereis amar. Vossa meta será sempre mais alta, onde os infortúnios da Terra não vos atingirão. O caminho será reto, sem atalhos ou desvios. Vosso pensamento será um só: fazer crescer a paz interior através da luz que começou a brilhar em vós e irradiar-se em todas as direções.

Como gostaria de vos fazer entender que as faltas de vossos irmãos podem ser motivo de tristeza, mas nunca motivo de falta de paciência... Aprendei a estender a mão com carinho, mas principalmente com muito amor. Aí então podereis também estender vossa mão à Divindade e que, radiosa e bela, sem corpo e sem forma, vos envolverá, vos abraçará em um só afago, num só sentimento, o sentimento de amor, o mais puro amor, ou seja, o amor do Pai para com seus filhos.

A Mãe do Alto,
Maria de Nazaré

Vossa aura

Aquele que procura o Criador O encontra dentro de si mesmo. Aquele que deixa brilhar em si a menor partícula de fé é auxiliado para que esta partícula se avolume e cresça, fazendo-o chegar mais próximo das entidades que vibram com relação a todos e em socorro de todos.

Vossa aura é a luz que emana do vosso interior. Todos têm o seu acompanhamento espiritual e nem sempre ele é belo ou bom. Basta porém que se firme a criatura na prece, no reto pensar e nas ações dignas para que este acompanhamento vá se transformando em luz. A luz vem do interior, mas para que ela venha é preciso que o interior esteja puro.

Basta um pensamento de maldade, maledicência, para que se faça uma brecha, como porta que se abre na luz, dando passagem aos que gostam de vibrar na mesma faixa inferior. Não quer isto dizer que a criatura viva sempre em erro, porém um minuto de fraqueza permite que se aproximem as vibrações inferiores. Esta porta aberta é um ensinamento, um aviso, para que não caiam os invigilantes em erros já tão conhecidos. Porém, quando vos elevais constantemente nas preces e na prática da caridade, a luz que emana de vossa aura, que por sua vez é a vossa proteção, se torna tão forte e tão poderosa que não vos permite errar tanto. Chegando a esse estado de consciência elevada, não mais poderão se acercar de vós aqueles que chamais de irmãos das trevas. Os que apreciam vibração inferior não podem se aproximar da Luz.

Assim, é muitíssimo importante que aprimoreis vosso espírito, para auxiliar os que sofrem, criando raios de luz que emanarão de vós e iluminarão o caminho desses espíritos não esclarecidos, ao invés de prendê-los a vós com vossas imperfeições. Direis que é difícil aperfeiçoar o espírito e eu vos digo que tudo que procurardes sozinhos será difícil, mas quando a mão amiga se dispõe a ajudar-vos, a dificuldade é afastada e tudo se transforma em força.

Buscai a mão da Divindade que jamais deixou de vibrar por seus filhos, enquanto que estes não procuram senti-La ou tê-La. Buscai e encontrareis porque na união está a verdade e na verdade está a paz da consciência tranqüila em cumprimento do dever.

A Mãe do Alto,
Maria de Nazaré

Liberdade

Que sejam libertados todos os espíritos angustiados e sofredores! Que sejam partidos todos os grilhões, desatados todos os laços que a mente humana cria como verdadeiras amarras que os faz pensar que estão presos a situações, a coisas, a criaturas. Tudo é passageiro e só o espírito é eterno e livre, porque o Criador lhe deu esta liberdade.

Que os encarnados e os que se encontram na espiritualidade tomem consciência do seu estado de seres livres, porque livres são seus espíritos. Ninguém conseguirá evoluir atado a antigos dogmas, preconceituosos subjugados a criaturas.

Tende confiança em Deus e libertai vosso espírito. Poderão aprisionar vosso corpo enquanto na Terra, mas jamais poderão aprisionar vosso espírito. Estais encarcerado? Concentrai-vos e deixai vosso espírito ir buscar o que vos falta. Não vos é permitida a palavra? Falai com o Criador e Ele vos ouvirá. Todas as barreiras são transpostas com facilidade quando fazeis uso da liberdade do espírito. Já vos encontrais na Pátria Espiritual? Aí então, meu filho, nada deveis temer, pois quem vos prende o faz porque assim o permitis. Estais preso porque ainda não conseguistes pedir perdão por vossas faltas e ainda não chamastes por vosso Pai que está no Espaço e em todos os lugares. Ele é poderoso e poderá libertar-vos assim que O chamardes.

Pensai bem para não agirdes fora da Lei que fará com que os homens vos prendam ou os espíritos vos atormentem. Mas se vos prenderem, ainda assim sois livre de pagar vossas penas, libertando vosso espírito enquanto vossos pés estão agrilhoados pelo peso das faltas cometidas, mais contra vós mesmos do que contra vossos supostos inimigos.

Alçai-vos numa prece que será o começo da liberdade que procurais e não a encontrareis sem o auxílio de Deus.

A Mãe do Alto,
Maria de Nazaré

Vibração em luz

Procurai a luz em lugar das trevas. Buscai o âmago de toda questão e deixai a parte externa exposta aos olhares curiosos. Procurai o fundo de toda inspiração e deixai que os incrédulos pensem o que melhor lhes parecer.

Procurai aprofundar-vos na Fé, dando menor importância às palavras vãs, que são o envoltório de maus pensamentos. Procurai na palavra a pureza que ela traz e não o som que ela emite. Aprofundai o entendimento para o sentimento puro da palavra proferida com ardor e Fé.

Preocupa-se mais o ser humano com o envoltório das criaturas e das palavras do que com o que a criatura é ou com o que a palavra exprime.

Deixai a casca e observai o grão. A casca é jogada fora e o grão é o alimento. Assim, tudo que está por dentro, envolto, escondido é mais sábio e não se mostra senão para trazer a luz.

As vibrações puras são sentidas pelos puros.

Aprimorai vosso interior, despreocupados do envoltório que vos cobre. Procurai comunicar-vos com o Cristo verdadeiro e puro. Dai valor a toda sensibilidade elevada, retirando vossa mente dos ambientes cheios de vibrações inferiores. Criai com o pensamento e a prece o cone de luz por onde vosso espírito se elevará para comunicar-se com as Divindades Superiores. A luz vem através da vibração criada pelo vosso desejo de comunicar-se. Jamais a Divindade deixará desamparado um filho que procura criar o seu círculo de luz, a sua comunicação.

Todo interior é belo e merece estudo.

Aprofundai-vos nos interiores: lá encontrareis os mais belos matizes, a mais poderosa luz, a mais radiosa verdade.

Conhecei-vos e vereis quão belo é aquilo que é criado pelo Deus dos Universos, O qual deixou deliberadamente encoberta a mais bela parte de vós, a fim de vosso espírito crescer e procurá-Lo.

A bênção da Mãe do Alto,
Maria de Nazaré

Alegria de viver

No sofrimento buscai a alegria de viver. Na dor, na tristeza, em tudo que vos pareça insolúvel ou impraticável. Buscai a alegria de viver, na lágrima que derramardes, na ingratidão que receberdes. No abandono de um filho, no abandono de um esposo, na ingratidão de um amigo.

Talvez estranheis que eu vos peça que busqueis na dor a alegria de viver, quando só sabeis encontrar alegria nas coisas boas que vos acontecem. Digo-vos porém que, as coisas boas que recebeis, a causa está no merecimento, em verdade, mas dificilmente estas coisas boas vos fazem vibrar em prece de agradecimento ou vos lembram os caminhos do Alto.

Por esse motivo é que vos digo para buscardes na dor a alegria de viver, porque realmente é a dor que vos engrandece o espírito, que vos faz meditar na prece e bem sabeis que, longe das coisas do Alto, estais perdidos na Terra e no Espaço.

Entregai vosso sofrimento em benefício de vossa alma. Buscai a alegria porque estais tendo oportunidade de descontar tudo que já fizeste um dia. O abandonado já abandonou, o injuriado já injuriou e assim é a Lei de causa e efeito. Procurai na dor a alegria de viver, pois mesmo sofrendo estais caminhando em direção da luz, estais tendo oportunidade de perdoar a quem já pedistes perdão.

Mesmo o doente em leito de dor, ainda deve ter alegria de viver, enquanto o espírito procura descontar tudo, para alçar vôo direto, sem interrupções ou desvios. Subi, filhos amados, pela caminhada da luz, através da alegria ou da dor.

Alegria de viver é o desejo de paz que vos traz hoje a Mãe do Alto,

Maria de Nazaré

Valores da alma

Todos os estudos espirituais que vêm à Terra nos dias de hoje provam, cada vez mais, a importância dos valores da alma; espiritualização, elevação enfim.

Deixai, portanto, de preocupar-vos com as formas, expressões, movimentos. Dai passividade à matéria e deixai que a mente trabalhe porque, através dela, a mente espiritual, virão os ensinamentos e a luz. O trabalho que é feito com a mente possibilita que o indivíduo o pratique em qualquer lugar e a qualquer hora.

Todos têm o direito sagrado de trabalhar por Jesus, fazendo uso da mente espiritual a serviço do Mestre e em auxílio de vossos irmãos. Deixai brotar em vosso coração este desejo, aprimorando dotes morais para poderdes servir com fidelidade e pureza.

Não há mais necessidade de tanto sacrifício para os sensíveis que desejarem trabalhar com Jesus. Bastará que procurem evoluir através a leitura, que pratiquem caridade quando esta for necessária, quer seja ela material ou espiritual, orando e fazendo uso da mente para trabalhar.

Uni-vos todos neste desejo de evolução para servir, sempre no desejo puro de servir. O meu conselho de hoje é de aprimoramento da mente e espero que possais segui-lo.

A Mãe do Alto,
Maria de Nazaré

Meditai nos meios, vós que almejais um fim

Não pode existir fim para coisa alguma que não tenha tido um começo. Desse começo virá a continuação ou meios para chegar a um fim. Meditai mais nos meios do que no começo ou no fim. O começo é o impulso, o fim, o corolarium de tudo e a vitória ou a derrota total, dependerão dos meios que tenham sido empregados. Por isso peço: meditai nos meios que empregardes para chegar a qualquer fim, para que a vitória final seja bela é preciso que os meios tenham sido puros, elevados e bons.

Seja o que for que desejardes conseguir, procurai consegui-lo na Lei da Verdade e do Amor, na Lei de não fazer ao próximo o que não desejais para vós.

Se agirdes com lealdade, bons propósitos e pureza de ideal, podereis ter a certeza da vitória final. O Altíssimo auxilia todo aquele que é bem intencionado, oferecendo a Mão Divina e assegurando que o primeiro impulso seja seguido de bons propósitos para ser obtido um final belo e cheio de tranqüilidade.

A Mãe do Alto,
Maria de Nazaré

Corações conturbados

Por que razão conturbam-se vossos corações? Eu vos estendo as mãos, por que não estender as vossas em direção às minhas?

Eu vos ofereço o coração, por que não recorrer a ele?

Dou-vos meu trabalho em forma de amor; por que não fazer uso desse amor? Ele está à vossa disposição dentro das preces e da visitação aos lares que criei na Obra que socorre os espíritos em sofrimento.

Eu vos chamei e vos chamo a cada instante. Por que não ouvir o meu chamado?

Ainda vos falta a Fé pura e verdadeira que venho lutando para vos dar. Por que cultivais a dúvida, o medo e a descrença?

Aproveitai minha oferta. Porém, para recebê-la tereis de esvaziar o coração de toda dúvida ou maldade. Eu vos esclarecerei, limparei vossa alma. Trarei a paz na hora da angústia, o alívio na hora da dor e da doença. Por vós trabalho, sofro e espero.

Que o Pai ilumine vossos espíritos, permitindo que eu vos leve a paz, a certeza, a segurança e a firmeza. Sois filhos de Deus e a Ele sois ligados. Procurai-O e Ele se fará presente em vossos corações.

A bênção da Mãe do Alto,
Maria de Nazaré

A força da natureza

Quando permitiu o Senhor que a semente do homem chegasse à Terra, mundo criado para servir-lhe de morada, de escola, de meio de elevação e progresso, colocou na Natureza tudo que este mesmo homem pudesse necessitar. Se não houvesse o homem criado as impurezas na atmosfera da Terra, viveria feliz, trabalhando, lutando, vencendo e amando.

Quando o homem compreender que pode extrair da Natureza toda força de que precisa, bem perto do Pai estará porque terá evoluído espiritualmente, todo o seu ser será leve e de fácil comunicação. Será o homem o vínculo das forças do Alto, transmitindo tudo que lhe for dito pelas Entidades Superiores.

Colocai vossos pés no chão, enchei vossos pulmões de ar, meditai na beleza da Lua ou do Sol, se ainda for dia. Fazei uso da luz de um amanhecer como energia para um novo dia de trabalho. À noite, procurai a luz da lua para receberdes a paz de uma noite tranqüila.

Homem, toda a Natureza aí está a vosso dispor; por que não fazeis uso dela? Ela é Mãe também e seu amor e seu poder são imensos. Porém, quando invocardes as forças da Natureza, fazei-o através da prece e o resultado será perfeito, esplendoroso como a luz da alvorada.

A Natureza tudo tem para oferecer-vos e esta oferta vem do Pai que tanto ama a seus filhos. Amai também a Natureza e não deixeis mais que um dia se passe sem louvardes a aurora do amanhecer ou o crepúsculo do entardecer. Nelas encontrareis toda a força e toda paz, porque estas são as forças mais poderosas do Universo, que o homem não poderá destruir com o mais poderoso projétil bélico.

A um novo dia após a calamidade mais cruel, a catástrofe mais pesada, lá estará o sol despontando na aurora como promessa de dias melhores e mostrando a Força de Deus que o criou. Lá estará a luz trazendo tranqüilidade à paisagem desoladora, para aqueles que ainda se lembram que, apesar de toda maldade do homem, existe um Pai que continua vibrando sobre a Mãe Natureza todo seu poder e auxílio.

A bênção da Mãe do Alto,
Maria de Nazaré

Trabalhar com Jesus

Que belas palavras estas "Trabalhar com Jesus". Haverá alguém tão perfeito que se julgue acima de trabalhar com Jesus, ou alguém tão imperfeito que não se ache capaz de merecer a graça de trabalhar com Jesus? Eu vos digo e com toda segurança o faço, que não existe na face da Terra alma alguma que não esteja em condições de trabalhar com Jesus.

Podeis trabalhar ajudando a um doente em vosso lar, colocando a mão sobre sua cabeça e com fé chamando por Jesus, quando Ele se fará presente. Digo-vos, que muito mais capacitado estará aquele que não se julgar capaz de servir ao Mestre do que o orgulhoso, que julgar que somente por seu intermédio virá o socorro ao doente. Porém, a ambos Jesus socorrerá, pelo amor que tem por todos os irmãos da Terra, estejam ou não em condições de pureza. Isto porque, filhas queridas, a caridade espiritual vem ao mundo não por merecimento de quem pede mas sim pela sinceridade que o faz e pelo desejo que têm as entidades em trazer seu auxílio.

É preciso que compreendais que a caridade do Alto se faz através do amor que colocou em seu pedido aquele que ora por alguém, mesmo que este apenas naquele momento se tenha lembrado de invocar a presença de Jesus. Todo ser é digno de chamar a presença do Mestre, uma vez que o faça com humildade e amor. Já que o amor só constrói para a eternidade, enchei vossos corações de amor. Pedi ao Pai que perdoe vossas faltas e vinde trabalhar com Jesus e esta Mãe que necessitam de mais e mais servidores para levar alento a todos os sofredores.

Afastai do coração a maldade e a vaidade, o ciúme e a inveja, para que possais, cada vez mais, encaminhar aqueles que já se acham saturados destes sentimentos, pois que os conhecem de sobra.

Procurar a perfeição é dever de todos para engrandecer o espírito e levar a paz onde se faça necessária. Crescei filhos

amados, com amor e caridade, em pureza de sentimentos, para vir trabalhar com Jesus em nome desta Mãe que vos traz a sua bênção,
    Maria de Nazaré

Ensinar o caminho

Ensinar em todos os sentidos é dever de caridade cristã. Ensina-se a criança a andar, a falar, a comer, mas saberá o homem ensinar seus filhos a viver? Viver sem fé e sem crença não é viver. Preocupa-se o homem com herança material, mas preocupar-se-á com a herança espiritual? Herança espiritual é aquela que legada em forma de fé pura e cristalina, ajudará todos a viverem, mesmo sofrendo. Quem haverá sobre a Terra que não tenha o seu momento de dor? Nesse instante, de nada servirá a herança material, mas a espiritual.
    Ensinai vossos filhos a caminhar e não desejeis mantê-los escravos vossos por toda uma existência. Todo cativeiro, por mais atraente que se apresente, será sempre uma repressão à vontade própria. Ensinar o caminho é mostrar-lhes o Bem e a Fé, até o ponto que saibam caminhar sozinhos.
    Ficareis tristes ao ver que vossos filhos aprenderam a viver com Fé e Amor? Amor de Mãe é sagrado e belo, mas quanto mais vos apegardes a vossos filhos em exagero, mais sofrereis sua ausência.
    Ensinai e colhei os frutos de vossos ensinamentos, no amor que colocardes em vossa missão sagrada. Este amor vos manterá unidos na Terra como nos Céus e sereis felizes, como há muito o sou, no reencontro com Meu Filho amado e esta lei também se aplica na espiritualidade. Não queiram nunca os dirigentes de cada crença manter subordinados a si aqueles que o procuram. É seu dever ensinar o caminho para que adquiram confiança em si próprios, em sua comunicação com o Criador. Isto será o bastante para que a semente do amor e da caridade se espalhe por toda a Terra, através dos que adquiriram forças para caminhar e encaminhar outros irmãos.
    Mostrai a beleza da vida, mas dai-lhes, acima de tudo a certeza na Espiritualidade, na verdade da Fé. Ensinai-os a

caminhar sozinhos e daqui, quando chegardes, observaveis o trabalho que deixastes na Terra: Bela herança espiritual, difundida entre todos os irmãos que continuarão chegando a um planeta que será de redenção.

A bênção da Mãe do Alto,
Maria de Nazaré

Capacidade de perdoar

O Pai Todo Poderoso e sumamente bom deu a todas as criaturas a capacidade de perdoar. Pensais não possuir esta capacidade e eu vos digo que vos enganais; ela está em vós, embora soterrada nos escombros que deixastes juntar em vosso interior. Buscai esta capacidade, para que ela, vindo a tona, possa trazer-vos a paz.

Quem não sabe perdoar, não consegue viver em paz. O exemplo de perdão que Jesus deixou na Terra deve ser sempre o escudo que vos libertará dos escombros, deixando brotar a luz do perdão.

Quem nunca foi tentado não pode e não deve julgar as faltas alheias. Aceitar as situações é o melhor ensinamento que vos posso dar. Nada sois para julgar faltas que desconheceis. Quem sois, para desejar mudar a ordem natural das coisas que foram criadas por vós mesmos?

Estudai as situações e ponderai as responsabilidades. Mais valor tem perante o Pai um pecador arrependido do que um rebanho de ovelhas brancas. Como é difícil, porém, julgar-se a pureza e a maldade existentes em cada coração humano... Peço que tenhais aceitação, ponderação e capacidade de perdoar, para que possais viver em paz convosco.

Capacidade de perdoar é evolução, é progresso, é luz. Escolhei os ensinamentos dados e fazei deles uma barreira de proteção, contra novos erros. Um espírito nada é no incontável número de seres que povoam o Universo; porém, um espírito pode, ser muito, quando ele se transforma em luz. Esta luz iluminará o caminho dos que andam nas trevas. Dentre os espíritos das trevas, encontram-se inúmeros seres que choram amargamente o tempo perdido ao negarem o perdão na hora que ele era preciso. Choram porque terão de esperar a oportunidade de defrontar-se com aqueles que os ofenderam, na incerteza de que aqueles ainda se acharão desejosos do antigo perdão, ou se já o dispensaram e até os odeiam.

A Lei do Perdão é grandiosa e bela e só por ela podereis começar a encontrar a luz que irá agregar-se ao vosso espírito para todo o sempre. A luz que adquirirdes será eternamente vossa e com ela auxiliareis quem sofre.

Buscai a paz em vós mesmos e não percais um minuto, porque amanhã poderá ser tarde demais.

Este é o conselho da Mãe do Alto,
Maria de Nazaré

A paz da consciência

"A Mensagem é iniciada com uma visão da Senhora".
"É vista Majestosa e bela. Sua figura irradia paz e beleza jamais vistas na Terra. Mas que faz a Bela Senhora? Estende as alvas mãos para os filhos que se encontram em meio à escada fulgurante. Muitos respeitosamente Lhe estendem a mão e sobem um degrau com alegria e emoção. Mas quantos temem ainda estender as suas: que pena... Mas o que lhes falta Maria, para seguir convosco?".

— Falta-lhes a paz de consciência, minha filha; quando o caminho é comum, todos a ele se atiram com tranqüilidade, porém, quando este é por demais fulgurante, vem o medo de seguir o primeiro impulso. Sentem muitos que ainda não são merecedores de tão belo caminho. Notai bem filha, que Eu a todos estendi a mão, a exclusão é feita pelas próprias almas que aportam ao Plano de Ascensão. A realidade lhes vem à mente e sentem que nada fizeram por merecer iniciar a escalada. Notai ainda que não estou no início da escada e sim em plano a que fizeram jus chegar as almas em referência. Falta-lhes, porém, a paz da missão cumprida, para que aceitem meu convite.

Continuarei a chamá-los. Não me cansarei de descer os degraus da Escada Divina para vir buscar cada grupo por sua vez. Os que estiverem prontos, virão sorrindo e ou outros ficarão com o impulso para iniciar as missões que os tornarão credores de novo convite em próxima oportunidade.

Sorride filhos que me dão a mão, pois que muito trabalho há ainda por realizar, sorride vós também que não tivestes a coragem de seguir-Me, porque Eu vos deixo esta coragem, nas lutas de cada dia onde encontrareis a vitória, nas lágrimas que derrumardes, onde encontrareis a paz e a força, na ajuda que derdes a um irmão, onde encontrareis minhas mãos vos acenando outra vez.

Deixo-vos um sorriso como símbolo da Paz que vos traz, a Mãe do Alto,
Maria de Nazaré

O caminho

Quando há necessidade de encurtar distâncias, estradas são projetadas para tal, principalmente em um país grande, como acontece ser o vosso. Para este trabalho, engenheiros são destacados e assim o caminho é planejado nas pranchas de trabalho. De nada serviria porém, estar a caminho traçado no papel, se homens não fossem convocados ao serviço de pegar ferramentas adequadas para iniciar a derrubada dos vários obstáculos.

Os engenheiros do Alto também traçam vosso caminho nas pranchas de trabalho, mas não podem vir à Terra e pegar ferramentas. A tarefa destas entidades é mostrar o caminho através da intuição e da prece. Depende de vós, viver em harmonia com as vibrações puras a fim de receberdes o recado. Portanto, deveis todos, unidos, dar cumprimento ao serviço que o Alto vos mostra.

Pensarão muitos: "mas se eu nada possuo para oferecer, cooperando, pois tanto necessito para mim?" Eu vos respondo que mesmo estes, muito podem ajudar e o próprio Tomé já vos disse em uma lição que, os que oram pelos necessitados e por todas as causas justas, mesmo que nada possuam, auxiliam com as preces a comover o coração daqueles que possuem bens e não se lembram daqueles que vivem em carência. Assim agem inconscientemente, já que a vida lhes deu a dura prova da riqueza, para que aprendessem a evoluir na espiritualidade. Por isso, orando estarei ajudando-os a evoluir, lembrando compromissos de caridade que se achavam guardados em seus cérebros.

Uni-vos em amor e boa vontade para colaborar de coração nesta grande meta que traçamos, para que possais cumpri-la; esta meta comporta o vosso caminho, traçado no Alto, para trabalhardes na caridade, aumentando a luz deste planeta, unindo-vos conseqüentemente a tantos outros, com diferentes

rótulos ou títulos de religiões, mas que irmanadas, nada mais fazem que aumentar a luz.
A bênção da Mãe do Alto,
Maria de Nazaré

Idéia de conjunto

Venho, mais uma vez, falar à mulher-mãe. Desejo sempre chamar à consciência estas criaturas abençoadas, para que saibam orientar aqueles que lhes foram entregues.

Desde a época do homem das cavernas, foi sentida a necessidade da união em grupos, como único meio possível de reunir forças e conhecimentos para a sobrevivência coletiva. Se o homem daqueles tempos assim pensou, foi inspirado pelo Criador para que compreendesse que uma só pessoa pouco pode, mas que o conjunto cria a harmonia que facilita a vivência. Desde então deveria o homem compreender que não poderia existir o egoísmo, pois o egoísta não pode reunir-se a ninguém, visto que nada tem para dar.

Como então podeis vós, mãe criar vosso filho acostumando-o a pensar só em si mesmo, a tudo querer para si, esquecido de seus irmãos terrenos? Cuidai muito de vosso filho, mãe querida. Fazei-o ver que ele é criado para viver em um mundo que sobrevive em conjunto.

Viver em conjunto significa ter sentido de união e paz. Saber dar-se sem nada esperar em troca. Se não ensinais a criança a saber ceder no momento próprio, o mundo lhe parecerá difícil, quando não mais contar com a superproteção de muitas mães. De vós, mãe, depende o futuro, um futuro que não pode encontrar mais criaturas que vivem dentro de si mesmas, esquecidas do próximo. Não haverá condição de viver em conjunto, quem não for preparado para ceder, ajudar, dar-se.

Começai vós mesmas por dar-vos a vosso filho, em amor e firmeza, mas dando-vos, também, aos demais que vos cercam, unindo-vos a vosso esposo para, juntos, orientarem os filhos que receberam. Dai o exemplo de amor piedoso, paciência e também de firmeza amorosa que sabe negar algo que será prejudicial ao futuro daqueles que amais.

A bênção da Mãe do Alto,
Maria de Nazaré

O pão do espírito

"Dai de beber a quem tem sede. Dai de comer a quem tem fome. Dai agasalho a quem tem frio". Belo lema de vida: Coexistir dentro da bondade e do amor que fazem vibrar vosso cérebro na onda de preces que são irradiadas com o propósito de despertar os corações para a caridade.

Quantas vezes são acumuladas roupas e objetos, que para vós, afortunados, nenhum valor tem. Pensem então na alegria que podem dar a quem vive na pobreza e nada recebe de seus parentes e amigos, ainda mais pobres. É mesmo muito triste a pobreza e a miséria humanas.

Porém, vos digo que, agasalhado o corpo, satisfeita a fome e saciada a sede, o espírito empobrecido por falta de preces esquece o presente ofertado, por considerar que, quem o deu, nada fez além de sua obrigação.

Existe porém um tipo de caridade que, se conseguirdes fazer com amor, será eternamente lembrada pelos necessitados e aflitos, não só em vida, mas principalmente após a morte do corpo. Isto, porque o espírito se engrandeceu com este tipo de caridade: o chamado pão do espírito, o alimento eterno, a bússola orientadora de todos os caminhos, que se tornam iluminados por ela.

Distribuí, filhas amadas, tudo que vos sobra, mas, peço-vos, distribui esta luz que vos dou. Dai o amor que recebeis. Levai a palavra de carinho, que servirá de ponte de ligação entre o meu coração e o coração de todos os filhos da Terra com quem desejo conversar através de vós. Por este motivo tanto vos dou. Por este motivo tanto vos amo.

Se em vossa vida esquecestes de dar um agasalho, o inverno irá passar e o verão trará o calor. Mas se esquecerdes de dar a palavra de Fé, este tempo perdido não mais voltará ao vosso caminho, pois que tantos passam, sem nunca voltar...

De vossa palavra amorosa faremos belo ramo de flores,

que espalhará seu perfume pela Terra e que será levado pelas asas dos anjos do Senhor, qual pássaros a transportar o pólen das flores na primavera para sua perpetuação.

Semeai amor, este amor que vos dou, e estareis dando o calor para as almas empobrecidas da Fé.

Maria de Nazaré

Criar a beleza interna

Trago hoje um antigo ensinamento, de grande importância, principalmente para vós, que, vivendo em corpos femininos, tanto vos preocupais com a beleza. A beleza realmente faz bem à vista, alegra a criatura. Porém, já tereis visto rostos perfeitos, verdadeiras obras de arte, que, ao serem observados, se transformam e inexplicavelmente deixam de ser belos. Ao contrário, muitas pessoas de beleza singela, traços comuns, irradiam tanta graciosidade e paz, que são tidas por todos como belas criaturas. Isto se explica num fato muito simples, queridas filhas. É que a beleza surge de dentro para fora e este simples ensinamento é que desejo trazer-vos hoje, para que sejais eternamente belas, já que a beleza vem do espírito que vos anima. Esta beleza transbordará através dos olhos, do sorriso, da alegria e da bondade.

Agora vamos ao conselho: Quando tiverdes sob vossa guarda uma criança, tratai-a com muito carinho, trocando suas roupinhas e vendo que ela sempre possa sentir-se bem, para usufruir com satisfação o momento de ser neném. Quando crescer, fazei-a dar valor a tudo que esteja ao seu alcance, para que não sofra com o que não pode ter. Na juventude, a respeitar os mais velhos, para que possa ser respeitado mais tarde.

Apreciar o momento presente é o mais belo ensinamento que vos posso dar, a fim de burilardes vosso espírito e assim alegrar vossa alma. Quando o momento da juventude passar e a velhice chegar, ireis olhar-vos no espelho, vendo as rugas implacáveis. Talvez fiqueis tristes e eu vos digo que chegou o momento de dardes graças a Deus por essas marcas do passado. Cada uma traz de volta um ensinamento, uma passagem bem vivida, porque vivida no momento exato, devidamente apreciada e estudada. Olhareis outra vez no espelho e vereis como sois belas apesar das marcas do tempo que não pára. Os olhos, observados bem no fundo, mostram beleza fulgurante. Se olhardes bem no fundo deste tubo infinito, vereis a alma perfeita que vos deu o Criador. Se ainda tiverdes ao lado o companheiro, os dois antigos apaixonados poderão se olhar no fundo dos olhos e encontrar outra vez as venturas e dissabores, como ensinamentos preciosos ao aprimoramento do espírito.

Sereis felizes e dareis graças a Deus por mais uma oportunidade de terdes sido neném, jovem e finalmente velho. Mas vos sentireis velhos jovens e saudáveis, porque felizes, certos de haverdes cumprido uma jornada que deixou marcas no rosto, mas que trouxe beleza para a alma.

A bênção da Mãe do Alto,
Maria de Nazaré

O remédio da prece

Quando surgiu a primeira doença, Deus fez nascer uma planta para curar aquela doença. Criou também a intuição para que o homem encontrasse a planta certa para cada doença. Mas o homem gerou os maus pensamentos e com eles estabeleceu as doenças psíquicas. Ainda assim a bondade de Deus criou a prece e aumentou no homem a intuição no sentido de crer de alguma forma em Sua existência, como ajuda para ser encontrado sob qualquer aspecto ou caminho, de acordo com a inteligência de cada época. Estava então criado o remédio dos remédios — a cura para todos os males, o amenizador para todas as dores.

Homem, procurai, com firmeza, o remédio na **prece**. Ensinai-o para vossas crianças, para que mais tarde não venhais a reclamar do Criador a falta de compreensão em vós ou em vossos filhos. Mas não procureis este remédio como lenitivo; procurai-o com firmeza, para que ele seja o eterno socorro.

Homem, se vossa casa está sem paz, buscai o remédio Divino. Se vosso trabalho não progride, é porque há muito não procurais o remédio da prece. Se a paz vos abandona, filho de Deus procurai-a na prece e Ele vos enviará o pronto socorro da luz que purifica os ambientes, que retira as vibrações negativas, tranqüilizando as mentes conturbadas.

Apesar da evolução da medicina, não pode, ainda, Deus criar o remédio para todas as doenças criadas pelo homem, mas proporciona a todos o principal remédio, a fim de que possam esperar dias melhores, em paz, segurança e fé: a paciência através da Prece, como remédio para os males.

Procurai o Pai através da prece e Eu estarei a vosso lado, pois sou a Mãe do Alto,
Maria de Nazaré

Confiança, conformação, fé

Confiar é entregar um pedido, certo de ser atendido de alguma forma. Conformar-se com o resultado de um pedido é sinal de fé. Mas conformar-se não quer dizer desanimar, entregando ao fatalismo todo o acontecido, porque o fatalismo é prejudicial. Não existe o acaso, mas a força da fé que pode remover obstáculos.

Lutar é uma das coisas mais belas da vida. Muitas vezes um obstáculo é permitido para testar a fé, a segurança e o amor de um filho encarnado. Deve este filho desanimar, entregar-se ao desânimo? Claro está que não. Aquele que não luta, deixa-se abater culpando ao destino, de sua desdita. Se julgais que uma causa é justa, lutai por ela com as armas da oração. Aí então, se após muitas preces a situação continuar a mesma, podereis conformar-vos, porém nunca antes de haver lutado com amor e preces. A conformação deverá vir sem desânimo e como prova de fé.

Nós, do Alto, vivemos lutando e pobre de nós se desanimássemos de lutar com preces e a proteção, por algum filho teimoso. Gostamos de lutas, no bom sentido.

O fato de pedirdes para nascer, já é uma prova de fé e vontade de lutar. É preciso mais coragem para viver do que para morrer, dado o medo que tendes do desconhecido. Depois que aqui chegais, não podeis desanimar, pois contareis sempre com o auxílio dos vossos protetores e Daquele que vos enviou para mais uma prova.

Continuai lutando, pedindo e acima de tudo orando, para que a vossa conformação venha a ser um exemplo de fé e não a conformação dos descrentes e desanimados.

A bênção da Mãe do Alto,
Maria de Nazaré

A balança

A balança é o símbolo da justiça. Oremos juntos ao Pai para que fortaleça os dois pratos da balança no mesmo nível de igualdade, tarefa bem difícil para quem desconhece as Leis do Cristo Jesus. Ele por aqui andou para fazer compreender a todos o significado Divino de agir com justiça.

Justiça não pode existir onde não se encontra o amor. Onde o cérebro é colocado acima do coração. Justiça é piedade, amor, humildade, renúncia e fé. É a lei que reúne em uma só tantas qualidades, sem as quais não poderíeis agir com justiça.

Justiça é a mãe que trata todas as crianças com igualdade, sem querer dar sempre razão aos filhos seus, em prejuízo dos filhos de suas amigas. Assim não agindo, fazeis que as crianças só encontrem justiça nos braços de sua mãe.

Justiça é a esposa que sabe repartir com igualdade, seus desejos e ambições, com o companheiro terreno, mais dando do que recebendo.

Justiça é tratar com carinho aquelas criaturas que lhes são postas como serviçais, porque amanhã podereis estar em seu lugar, se não souberdes agir com justiça em relação a elas.

Justiça é o homem em seu local de trabalho, querer para si próprio o que deseja para seus companheiros, criando assim um ambiente de paz.

Justiça na espiritualidade, é saber julgar as ofensas recebidas, sem com elas se exaltar ou perder a calma.

Sede todos justos, pesai bem vossas ações, para sentirdes se não estais sendo injustos com alguém, para que esse alguém não vos venha cobrar mais tarde esta incompreensão.

O símbolo da balança é lembrado, para que possais compreender a importância que dou aos dois pratos bem equiparados na balança, a fim de que eu possa viver tranqüila em relação a vós, meus filhos queridos, pelo bem que a todos dedico com igualdade e amor.

A bênção da Mãe do Alto,
Maria de Nazaré

Alimento do espírito

Vários estudos são feitos através dos séculos para melhorar as condições de vida dos seres humanos; prática de higiene mental pela ioga, ginástica, alimentação apropriada, tudo em busca do prolongamento da vida, com saúde e felicidade. É realmente necessário que o façam, considerando que a vida de todos os seres é uma dádiva.

Porém, do que bem poucos se lembram, é em verdade, que todo esforço dispendido neste sentido, ou seja, o prolongamento da vida com saúde, pode ser considerado produtivo apenas em parte, se não procurarem o alimento do espírito: "a prece sentida".

Alguns se acham em paz com Deus, porque não praticam maldades. Mas, ninguém pode sentir-se a partícula da Divindade, senão no momento da prece. Reverenciando o Senhor, O tereis em vosso interior. Esvaziai a mente dos pensamentos cotidianos para dedicar-vos, por minutos que seja, ao Pai que vos deu a vida.

No momento da prece, devem ser paralisadas todas as ações, afastados todos os pensamentos, esquecidas todas as angústias, para sentir-vos ligados ao Altíssimo. Fazei que todos respeitem este vosso momento, não permitindo que vos interrompam, pois estais orando. Fazei isto, e já no primeiro momento com o Senhor vos sentireis em início de uma paz que virá sem esforço. E, então, sereis visto por Deus, dissipando as angústias, atravessando as nuvens pesadas que envolvem o planeta, acendendo-se a luz.

Deveria o mundo parar, por segundos que fosse, repetidas vezes para que a Terra pudesse receber o tratamento que necessita para curar suas enfermidades. Aí então sim, filhos queridos, a alimentação sadia e todos os tratamentos materiais terão resultados concretos, porque o tratamento interior foi conseguido através da prece.

Esta é a importância da concentração de preces que reúnem luzes que beneficiam a cada um e a todos em geral. Cada pessoa em prece é uma luz acesa que a todos beneficia com sua claridade.

Assim, filhos queridos, na hora de sorrir, sorride, na hora de viver um momento feliz, vivei-o, mas na hora da prece (que em geral é a hora da dor), parai tudo, para que pelo menos esta, seja a **hora da prece**. Quando vos habituardes a esta prática salutar, aprendereis também a orar na hora da alegria e então o mundo estará sorrindo convosco, porque a **hora da prece** é a **hora da Luz**.

A bênção da Mãe do Alto,
Maria de Nazaré

A família

Venho agora falar-vos da família. Assunto muito delicado que venho registrar nesta mensagem, não só para os que vivem na Terra, como para o mundo espiritual, que igualmente sofre com os desajustes atuais, pois com eles se conturba o ambiente que vos serve de morada.

A família não é responsabilidade dos governos, dos teatrólogos, ou homens de arte em geral. Ela é patrimônio particular e como tal deve ser tratada e considerada com muito carinho. Não culpeis a ninguém de vossos erros.

Quando deixam os pais de dar importância a este conjunto para pensar somente em seus interesses, começa o desmoronamento de tão belo tesouro. A união nas preces, por exemplo, deve ser a maior preocupação em um lar, sem nenhum constrangimento, fazendo cada um seu pedido em voz alta, pois isto une e traz compreensão entre os familiares.

A hora da refeição em conjunto, infelizmente, também, está acabando nos lares terrenos. Outro ponto delicado é a interferência de uma psicologia moderna que, mal aplicada, dá aos filhos todos os direitos, tirando-lhes o mais sagrado deles, o direito da segurança que é dada no respeito aos mais velhos.

Na união à mesa de refeições, mesmo que surja algum assunto contraditório, aqueles que participaram dele, jamais se esquecerão destes momentos.

O comodismo de cada um pensar em si próprio, deixando a escolha livre às crianças, tem causado muitos problemas nos cérebros ainda não preparados para discernir entre o certo e o errado. Quando tiverem certa maturidade, então sim, poderão juntar sua capacidade progressiva em conhecimentos da atualidade, com os conhecimentos já testados dos mais velhos. Para que isto aconteça, importa que tenha sempre havido respeito mútuo.

Toda tristeza observada nas calçadas do mundo, apavora

os pais que temem ver seus filhos envolvidos por ela. Mas eu pergunto que providências têm tomado a respeito? Lastimar e comentar o que existe, culpando a uma geração, não traz luz a ninguém, difundindo cada vez mais estas tristezas. Este é um problema particular e não de um todo. Cada qual deve tomar conta de sua família, como um verdadeiro tesouro.

Agindo assim isoladamente, cada um contribuirá para o não crescimento do desajuste das calçadas. Procurai então ajudar com vossas preces em família. Com vossa união, com vosso amor, para que não temais ver vossos filhos envolvidos em vícios que corroem o espírito.

O tesouro é vosso, lembrai-vos, porém, que antes de vos pertencer, pertence ao Pai que dele vos pedirá contas, quando chegardes aos caminhos da Verdade que vos levam a Ele, do outro lado da vida.

Este é o conselho da Mãe que sofre por todos vós ao ver tantos problemas que vos preocupam e que, realmente, impedem o bem-estar, a alegria e o desenvolvimento da humanidade.

A Mãe do Alto,
Maria de Nazaré

A juventude

Um dos mais interessantes assuntos é falar sobre os jovens, estas arvorezinhas cheias de encanto e frescor. Buscam apressadas as alturas, esperando assim encontrar a beleza das grandes descobertas. Sim, como é interessante ver o que se encontra encoberto pela nuvem do desconhecido... E assim elas vão subindo, corajosas e arrojadas. Em cada amanhecer, o Senhor de Todas as Coisas vai-lhes dando aquela ventura de desvendar os mistérios. Elas descobrem que podem pensar, agir, pois se sentem crescer sozinhas. Um dia vem a tempestade — força da Natureza cheia de eletricidade; vem e a tudo sacode com seu poder. Os raios rasgam o céu tão azul. As nuvens, de brancas como algodão, transformam-se em negras e ameaçadoras. Neste momento as arvorezinhas sentem, pela primeira vez, o medo. Toda aquela confiança em seguir por conta própria se estremece. Os galhos, ainda tenros, são derrubados. E elas descobrem, com tristeza, que a juventude não é tão forte como supunham. Olham ao redor e vêem as árvores seculares, com seus troncos grossos, escuros, seus galhos de tanta fortaleza que são sacudidos sem quebrar-se. Apenas as folhas amarelas caem por terra, o que aliás só faz que fiquem ainda mais belas, enaltecendo o verde. As arvorezinhas, com espanto, olham para as árvores-mamães e vovós e lhes descobrem um encanto até então jamais observado. Ali, à luz dos relâmpagos, aqueles troncos escuros se iluminam, mostrando as mais variadas cores. E o que dizer daquela firmeza, daquela segurança? Que coisa maravilhosa ter assim os pés firmes no chão — ter sabido crescer sem o orgulho de pensar em ser forte antes da hora. Lembram-se dos dias de sol, quando as viram projetar no chão enorme sombra que a todos agasalhou...

Humildemente elevaram o pensamento ao Senhor, pedindo que as preservasse de tamanha tormenta, prometendo olhar mais para os lados e para o chão, a fim de aprenderem a crescer com aquelas que ali estavam tão seguras. Eis que neste momento a tormenta passou e elas, pobrezinhas, sacudindo os galhos que sobraram, agradecendo comovidas a lição recebida da Mãe Providência Divina.

Idades não existem, filhas e filhos queridos. Pessoas há que envelhecem como arvorezinhas, sem segurança, sem saber onde colocam seus pés, porque jamais desejaram aprender. Na hora da tormenta nem sempre sabem elevar seu pensamento ao Senhor, e, por isto, quantas vezes sucumbem. Procurai observar uma árvore bem antiga e bendizei ao Pai Eterno, ao mesmo tempo, com os braços abertos para o Alto, louvando o Senhor. E quando virdes uma destas maravilhas da Natureza ser derrubada, chorai em meio a uma prece pela derrubada de uma grande Senhora. Este é um ensinamento que vos traz a Mãe do Alto,

Maria de Nazaré

A escola

Quando uma criança ingressa na escola, ali encontra o necessário para levar a bom termo seu ideal, ou dos pais, sempre zelosos de seu futuro e, com esta boa vontade, está dado o primeiro passo. Mas terá ainda a criança o concurso dos mestres que tudo farão para ajudá-la, dependendo naturalmente do adiantamento que possuam eles próprios. Ali está o prédio, as salas de aula. Agora dependerá da boa vontade do aluno em receber o que foi buscar. Deverá ainda ser instruído pelos pais de que, por vezes, encontrará mestres que não estão a altura dos cargos que ocupam. Deverá deixá-los à sua própria consciência e ainda mais: dedicar-se ao estudo da matéria em pauta, para que, a negligência do mestre, não venha a prejudicá-lo. Se ao termino do ano escolar o aluno não conseguir passar para o ano seguinte, a ninguém poderá culpar que a si próprio, pois tudo foi posto à sua disposição para que fizesse uso apropriado.

Assim é a grande escola da vida, filhos queridos. O Pai Celeste coloca à vossa disposição vários mundos como escolas espirituais. Não podeis queixar-vos de não encontrar apoio, pois Ele também esteve todo tempo ao vosso lado. Os Mestres do Alto não falham em suas missões. Vós é que esquecestes de abrir o livro do coração para estudar as matérias com o Mestre dos mestres — Jesus.

Podereis dizer que vos faltaram forças, pois uma vez ingressando nos trabalhos espirituais, supusestes que a ajuda viria imediata e fácil. Sim, a ajuda sempre aí está, porém de nada adianta fazer o aluno passar de ano sem que tenha assimilado as matérias importantes. Por isso, não deveis desanimar mas, sim, buscar forças na oração, que é a porta aberta para as aulas dadas por Jesus a cada instante, como Mestre incansável das imperfeições humanas.

O fato de se encontrar alguém a serviço do Alto deverá ser motivo de constante agradecimento a Deus, que vos dá esta oportunidade, nem sempre fácil de ser conseguida. Dedicai-vos ao trabalho com amor e grande empenho, sem pensar no que isto vos possa tornar merecedores. Os prêmios, quando não distribuídos nas salas de aula, o serão em recintos muito mais belos, em solenes reuniões, quando são entregues os diplomas para quem soube, com dignidade, cursar as diversas escolas com a ajuda dos mestres e amigos.

Deixai as recompensas para mais tarde e empenhai-vos em vossa missão, visto que a humanidade precisa da ajuda dos irmãos que vivem no mesmo plano, isto é, na mesma escola terrena.

A bênção da Mãe do Alto,
Maria de Nazaré

Seguir o Evangelho

Sangra meu coração com vosso sofrimento. No entanto, mais teria por quem sofrer, não muito distante daqui. Conheceis o Evangelho de Cristo e sofreis. Sentis em vossa alma o desejo de evoluir na caridade. Sabeis orar e, ainda assim, sofreis. Pensai, por um segundo apenas, naqueles que sofrem e não conhecem o Evangelho. Sofrem e não têm o consolo da oração trazendo o bálsamo Divino da Paz. Por isto vos digo, que mais teria por quem sofrer, porque possuem, aqueles, muito mais motivos para merecerem as lágrimas desta Mãe.

Procurai meu amor em vossos corações, toda vez que a dor parecer sufocar-vos a alma e a alegria de viver. Bem perto estarei, porque em vosso próprio coração, Sou consolo para todas as dores. Alegria para todas as tristezas, porque com o pensamento no Pai, vivo em todos os instantes, para poder ajudar-vos.

A Mãe do Alto,
Maria de Nazaré

Os obsessores da Terra

Se jogardes uma flor ao mar, este a trará de volta à areia. Um repuxo, por mais alto que consiga elevar suas águas, estas voltam ao chão novamente. Viveis subordinados à lei da gravidade, que mantém todas as coisas em seus lugares. Ainda dentro desta lei sábia, digo-vos que cuideis muito de vossas ações e pensamentos, pois estando estes, sujeitos a elevarem-se, conseqüentemente voltarão às fontes emissoras. Todos estes conhecimentos encontrareis nos livros do Irmão Tomé; não será, porém, demasiado dizer-vos que modifiqueis o errado conceito de que os espíritos das trevas são os vossos obsessores. Estaria este conceito contrariando as leis da gravidade, visto estarem eles em planos próximos, porém acima de vós. Coloquemos então o problema em seu devido lugar. Visto que vossas ações e pensamentos se elevam, esclarecido fica que sois vós os obsessores do Espaço.

Olhai à vossa volta e pensai no círculo de amizades que criastes. Nenhuma destas pessoas de vós se acercou sem o prévio consentimento. Tendes então os amigos que mereceis, pois foram escolhidos por vós. Assim funciona a Lei do Alto também. Se viveis sem orar, de vós se acercarão os espíritos que apreciam este tipo de vida, impregnada de más vibrações. Se gostais de gritar e brigar, acercarão-se os espíritos que apreciam a discórdia e o barulho. Assim, infinitamente, continuaria enumerando as afinidades que podem ligar-vos aos que vivem do outro lado da vida e que passam a fazer parte do vosso círculo de amizades espirituais.

Explicado está que, quando vos referis aos obsessores do Espaço, estais cometendo grande injustiça, pois invertestes a Lei da Gravidade. Sim, do vosso comportamento na Terra resulta o acréscimo de sofrimentos no Alto.

Estais em condições de ler e aprender. Os outros se encontram nas trevas da ignorância de quem, na Terra, viveu sem orar. Grande é vossa responsabilidade em cooperar com os Mensageiros do Senhor para desanuviar a escuridão que envolve este planeta, libertando os que vivem na sombra. Meditai muito sobre isto e transformai-vos, de obsessores, em amigos verdadeiros.

Aproveitai cada minuto de vossa estada na Terra, filhos e filhas muito queridos, para quando dela sairdes, não virdes a ser considerados injustamente os obsessores do Espaço.

Assim se despede a Mãe do Alto,
Maria de Nazaré

Conselho de mãe

É difícil modificar o interior da pessoa humana, quando esta insiste em seguir o caminho do erro.

Quando a mocinha se encontra em vésperas de contrair matrimônio e seus pais encontram algum defeito no eleito, por acaso são ouvidos seus conselhos? Creio que não. Lembra-se, também, a moça de orar pedindo a proteção do Alto, para, em meio à concentração, saber se escolheu bem ou não? Poucas moças agem assim. A maior parte delas se deixa envolver por atrações puramente materiais, e assim, por falta de preces, vontade firme de acertar ou ouvir conselhos, perdem-se a maior parte das moças em devaneios e seguem o curso que desejam, contraindo, várias vezes, péssimo casamento. Caberia à mulher, uma vez nesta situação, aceitar o destino escolhido e pensar acima de tudo em manter seu lar, esquecendo-se de si própria, para pensar somente nos que lhe são caros. Porém, quando todos os esforços foram empregados e o quadro continua o mesmo, a única salvação é a prece sincera e neste mister aqui estarei para ajudar-vos... Acompanhai meu pensamento e procurai ver o quadro que vou mostrar-vos:

Bela paisagem é vista de uma janela, porém uma árvore, ao crescer, encobre com seus ramos e folhas tudo o que era visto antes de seu crescimento. Que fazer? Chorar? Não, filha querida, procurai observar ao redor e vereis, admirada, que tanta coisa restou e que, por terem estado tão próximas, não havíeis dado o devido valor. Flores de todas as cores, lindas pedrinhas e relva bem verde. Olhando bem, conseguireis até ver, por entre os galhos, pequenos trechos da antiga paisagem.

Agora meditemos bem que, mediante as preces, o Senhor poderá julgar que realmente aquele obstáculo veio enfeiar a paisagem e toldar a pureza e, assim, atender aos pedidos fazendo morrer a grande árvore indesejável. Quando esta tombar, embora vos pareça tardiamente, notareis que a paisagem continua a mesma, modificando-se somente em seu aspecto, de acordo com a estação que desejais vê-la, ou seja, vosso estado d'alma, verão, inverno ou primavera.

Terminada a demonstração digo-vos, que, ainda assim, não jogueis fora os galhos secos, pois representam ensinamento. Eles servirão para aquecer-vos nas noites de frio, trazendo à lembrança erros talvez cometidos por vós mesma. Pensai, filha que, isto que sofreis, já fizestes sofrer a alguém e, assim, consolai vosso coração e fortalecei vossa Fé, para que, juntas, possamos derrubar a árvore que veio toldar vossa existência.

Refleti muito e sentireis o bálsamo da Paz e da esperança, que deve ser sempre a última a morrer.

Este é o conselho da Mãe que desejaria fazer-se ouvir por todas as suas filhas e assim minorar seus sofrimentos.

Maria de Nazaré

Segunda parte

O sentido da Cruzada

O sentido da Cruzada

Procurai conhecer as palavras que Jesus deixou na Terra e compreendereis o sentido desta nossa Cruzada. Nossa, porque é tão minha quanto vossa.

No amor que o Cristo pregou está a Obra. Em seu perdão, em sua força, nem uma palavra a mais daquilo que foi dito, nem um sentimento a menos daquilo que pregou. A Cruzada foi criada para andar como Jesus andou, para levar a palavra de amor como Jesus levou, para curar como Jesus curou, porque convosco caminham entidades a Seu santo serviço.

Procurai sentir o que é realmente esta Obra que tanto trabalho deu para ser projetada no Alto e tanto teve de esperar para ser trazida à Terra.

Jesus pregou, Jesus amou, mas não desperdiçou seu amor e sua pregação, pois não havia tempo para tal. Sabia que o tempo era pouco quando disse: "Não jogueis pérolas aos porcos". Dai muito, dai sempre, mas escolhei o terreno onde semear vossa semente, para que este, não sendo fértil, ela não se perca. Nos tempos que se passam ela é preciosa para quem queira ver e ouvir.

Bela é vossa missão, mas deve ser comparada à prece, que só pode elevar-se se for sentida. Elevai vosso espírito para sentir a grandeza desta Obra. Segui as instruções recebidas, pois elas devem ser sentidas, para que não sejam modificadas.

As leis são criadas para determinadas ocasiões ou necessidades, e vós tendes a vossa lei, exemplificada em tudo que o Mestre deixou de amor, humildade e perdão.

Meditai na caridade que deve ser feita para que tenha resultado eterno. De nada serve lotarmos a casa com pedintes que vêm e voltam todas as semanas, sem encontrar o que vieram buscar, porque lhes faltou a palavra de fé. Deve-se saber dar, para que a dádiva dure para sempre. Assim o pedinte voltará para colaborar, irmanar-se com os que dão, agradecer ao Senhor o tesouro da fé que conseguimos despertar em seu íntimo. Sabei espalhar a semente, para que ela não se perca, pois o tempo é pouco.

Esta é a "Casa de Maria", que deseja inspirar suas filhas para que saibam transmitir o que lhes trago: a certeza, a confiança, a fé! Quem adquirir a fé e a confiança no Senhor será eternamente feliz, porque terá trazido o Senhor para dentro do coração e não mais precisará bater de porta em porta, eternos pedintes reclamantes da sorte.

Dai este tesouro que fala todas as línguas, que abre todas as portas, que ergue todas as barreiras, que abraça todas as religiões. Dai o tesouro da fé e estareis auxiliando ao Mestre Jesus, meu Filho muito amado, na Obra de amor que tenta consolidar há dois mil anos.

Por outro lado, difíceis são ainda as comunicações telepáticas pela mente espiritualista mas, da mesma forma como se comunicam os seres humanos pela telepatia, assim tentam os espíritos comunicar-se pela mente espiritual. Esta faculdade pode ser desenvolvida com treino e boa vontade. Quando não conseguimos transmitir palavra por palavra e entre várias frases, uma chegue truncada, esta não conseguirá modificar o sentido da mensagem, que chegará pura e simples. O espírito tem o pensamento rápido como a luz, transmitindo mais o sentido do que a palavra, que recebe a influência do médium, de acordo com sua cultura. O sentido é que deve ser puro e compreendido. Quanto mais praticardes, mais facilmente podereis captar o pensamento do espírito. Este sentido de nossa Cruzada venho dando à medida que consigo transmiti-lo à irmã que coloquei a meu serviço dentro da Cruzada.

Iniciei pedindo que não houvesse incorporações por parte de minhas cruzadas e tenho fortes razões para isso. Quem não compreender com uma simples leitura, aconselho a que medite seriamente sobre o assunto. Ele é de grande importância para os trabalhos que estão sendo feitos na Terra. A atração dos espíritos sofredores para doutrinações atraem vibrações de baixo nível, que formam à vossa volta correntes magnéticas impregnadas de detritos de toda espécie, moral e psiquicamente malévolos. O trabalho do Campo Astral é árduo e necessita do concurso dos homens, que são os maiores responsáveis, sofrendo as conseqüências desse fato, ainda existente.

Não deve **nossa casa** agir, em relação aos médiuns, como engenheiros eletrônicos que fabricam válvulas para captar certo tipo de vibrações. As correntes de baixa esfera se aproximam e enquanto as entidades a serviço do Pai lutam par envolvê-las, captá-las e levá-las a planos competentes, vós daqui da Terra mantendes as válvulas em constante movimento de atração, servindo de ímãs do que deve ser retirado.

Esta mentalidade foi criada pelo espírito do homem, certo de que tudo pode, esquecido que o poder de Deus é maior. Nem uma palavra humana pode ser comparada a instruções dadas por Entidades Superiores. O trabalho do homem devia ser o de criar criaturas cada vez mais espiritualizadas e puras com suas vibrações de pureza e alta moral, criarem condições para que a prece seja sentida e não apenas proferida. Só assim será favorecida a subida dos sofredores na companhia das Entidades Superiores.

Espíritos sofredores irritam-se quando são doutrinados por antenas de atração que não possuem condições morais e desejam convencê-los a agir, como jamais conseguiram, elas próprias, agir.

O exemplo é o segredo de qualquer iniciativa elevada. Não vos iludais, porque, enquanto o homem não aprimorar suas condições morais, o ambiente da Terra não poderá ser liberto das vibrações inferiores. Não deveis atrair, uma vez que não possuís condições de encaminhar. Deixai este trabalho para as Entidades do Alto, que após muito sofrimento, foram consideradas aptas para o encaminhamento de almas sofredoras.

Compenetrai-vos todos de que vosso poder e vossa palavra são bem reduzidos e que o poder do Pai é Infinito. Deixai ao Alto o que ao Alto pertence. Procurai ouvir vossos mentores espirituais através do ouvido espiritual, que deveis cultivar.

Para ajudar aos que partem, uni-vos em preces que sejam vibradas com o mais puro amor, formando uma vibração forte, que será como o impulso dado por esse jato propulsor. Este servirá de ajuda segura para as Entidades Superiores que cercam vossas reuniões, Elas não têm mais um minuto a perder dentro da Obra do Criador, para curar este vosso enfermo planeta, que se transforma a cada instante e, nesta transformação, vai levando almas ainda atrasadas e sem compreenderem que aportaram à Pátria Espiritual.

Este é mais um sentido de nossa Cruzada, que desejo deixar bem claro e que gostaria muito que fosse compreendido por toda a humanidade.

A bênção da Mãe do Alto,
Maria de Nazaré

Unidas pelo amor

Feliz estou de convosco encontrar-me neste momento, quando posso ver e sentir reunidas, em número embora pequeno, o maior que posso ver na Terra, no mesmo instante em que reúno no Espaço a minha falange de Cruzadas. Momento glorioso para o meu coração, o de poder ver os corações das cruzadas da Terra unidas aos das cruzadas do Alto. Para cada uma de vós na Terra, existe uma correspondente no Espaço, e não imaginais quantas ainda aguardam ansiosas pelas suas companheiras da Terra para poderem, através delas, trabalhar e espargir amor para com os filhos encarnados. Estou procurando unir-vos na Terra cada vez em grupos maiores. Já vos vejo reunidas em pequenos grupos e, dentro em breve, verei estes grupos aumentarem, fazendo com que vejamos, no Alto, raios de luz. Estes levam, de cada coração de cruzada da Terra, um fio luminoso como elo de luz, formando no Céu um só coração radioso de amor e bondade. Quando isto acontecer, aí então sim, minha Cruzada estará coroada de êxito, trazendo de volta para a Terra estes raios luminosos como bênçãos para serem derramadas sobre todos os lares, visitados ou não. Meu amor pela humanidade não pode restringir-se a aqueles que queiram receber-me, mas também desejo que seja distribuído a todos os filhos da Terra que, por não saberem das belezas do Pai, O afastam de si. Assim o vosso trabalho será perfeito, pois que, por agora, levais o meu amor às casas visitadas, mas quando estiverdes unidas nas reuniões em orações e amor, fareis que toda a Terra receba os fluidos do meu amor e este é imenso.

    Assim, peço que vos unais, cada vez mais, e procureis chamar maior número de filhas para trabalhar, pois ansiosa espero que possais construir este tesouro exuberante de luz, que será o coração das cruzadas da Terra, no Alto.

    Desta Mãe que vos ama a todas,
Maria de Nazaré

Semeadura

A Cruzada Santa já começou a espalhar, pelos corações visitados, aquilo que era do nosso desejo sincero que lhes fosse levado. A semente já foi jogada em muitas almas e os frutos serão belíssimos, podeis estar certos. Onde se encontrava a dúvida, já começa a surgir o desejo de crer em algo mais Alto. Minhas filhas já vistes muita coisa que estava por fazer, mas isto foi apenas o começo, porque nem podeis imaginar quanto trabalho está ainda por ser feito. Uni-vos não apenas em grupos de três, mas sim em todos os elos da Cruzada Santa, pois que peças isoladas funcionam por vezes, porém, unidas, o rendimento será bem maior. E não digo isto no campo material, mas, principalmente, uni-vos pelo espírito no desejo sincero de pedir e orar por todos, antes de visitá-los, durante a visita e após a visita. Assim o vosso trabalho terá rendimento dobrado. Tendes muito amor em vossos corações. Distribuí-o a mão cheia pois que, mais, vos será dado.

Este é o pequeno recado desta Mãe,
Maria de Nazaré

A cruzada é o ninho

Desejo, hoje, dirigir algumas palavras às novas visitantes e integrantes da Cruzada Espiritual Feminina.

Sois como pássaros que, ao cair da tarde, procuram seus companheiros para com eles se recolherem aos ninhos. O vosso ninho é esta Cruzada, onde encontrareis o amor e o carinho, o calor e a paz do coração de Maria.

Peço que as filhas mais velhas da Cruzada dêem a mão às mais novas que estão chegando, ensinando-lhes o caminho, transmitindo-lhes o entusiasmo, para que o nosso trabalho possa, cada vez mais, espalhar-se por esta Terra abençoada.

Grandes acontecimentos virão é verdade, porém é preciso que façais como Meu filho Jesus que, embora sabendo que iria ser vítima do grande sacrifício, compreendendo ser este sacrifício necessário à humanidade que Ele tanto amava, não esmoreceu em Seu trabalho Divino e por ele trabalhou até o último momento de Sua existência na Terra. Fazei como Jesus. Trabalhai por esta causa santa até o final de vossos dias na Terra, pois então eu as estarei esperando de braços abertos.

Para que tenhais sucesso em vosso empreendimento, recorrei diariamente à fonte do Suprimento Eterno, por meio de orações que vos darão a força necessária quando o caminho vos parecer difícil.

Desde já, agradeço e abençôo toda a boa vontade que tiverdes em nome de Jesus e derramo sobre vós fluidos de paz e amor.

Maria de Nazaré

— Palavras ditadas por inspiração de Maria de Nazareth: "A vontade é vossa. A força virá de Mim. Cuidai muito de todas as criancinhas. Não vos lembreis de ajudá-las somente na época das Festas de Natal, pois que são elas tão queridas do Pai. Este é um pedido que faço em nome de Jesus."

Alma de cruzada

Todas foram, estão sendo e continuarão sendo chamadas. Nem todas chegarão preparadas. Todas, porém, trazem em seu íntimo a alma de cruzada, porque assim nasceram.

Ter alma de cruzada é ter alma pura. E saber dar, dar sempre, desdobrando como mãe fibra por fibra o coração. E amar a todas as crianças, a todos os doentes, a todos os tristes e principalmente amar seus inimigos. Por isso é saber também perdoar, com aquele perdão que só um coração de mãe sabe dar.

Por isto fiz questão desta Cruzada Feminina na Terra, porque toda mulher tem muito de mãe. Seria então mais fácil plantar em terreno já preparado.

Tende paciência, porque todas ireis aprimorar-vos, cada vez mais, para Meu Filho Jesus, com um verdadeiro coração de cruzada.

Ser cruzada é amar ao próximo como a vós mesmas e saber cumprir todos os ensinamentos deixados na Terra por Meu Filho Jesus. Ser cruzada é lutar, chorar e sofrer com o sofrimento alheio, pois ser cruzada é ser mãe de toda a humanidade.

Porém ser cruzada é também andar bem perto do Céu. É ter os pés na Terra e pisar no infinito. É ter ajuda em todas as ocasiões. É ser amada pelo Pai. E, finalmente, ser cruzada é ter morada no céu de Maria e comigo trabalhar por toda a eternidade.

Despeço-me de vós nesta mensagem, com o coração feliz ao ver tantas almas de cruzadas na Terra.

Maria de Nazaré

Não há na face da Terra uma só rosa que tenha suas pétalas iguais. Isto significa que não há perfeição no Mundo. Porém, aqueles que desejarem servir-me de coração, com o coração os receberei.

União

O Senhor irradia com igualdade por todos os seus filhos. Cada um recebe de acordo com seu merecimento, adiantamento moral e espiritual. Estes são ensinamentos por todos conhecidos. Assim, peço-vos que, quando receberdes alguma recomendação à mesa, pelas dirigentes dos trabalhos, recebei, como se fora para cada uma em especial, e, ao mesmo tempo, para todas.

A cada uma, no sentido que desejo inspirar minhas filhas para melhor amarem ao trabalho que é tão belo. A todas, em conjunto, pelo amor e união que desejo que exista para todas e entre todas. Assim, recebereis o recado como forma de amor e jamais como reprimenda.

Quando amamos uma causa, demonstramos nossa dedicação e amor através do carinho colocado em cada pequena coisa que cerca esta causa. Este carinho e dedicação abrirão o coração do trabalhador para, cada vez mais, receber das entidades afins, que do Alto tudo faço, por sua vez, para auxiliar aquele que se dedica com carinho.

Quando colocardes toda a vossa vontade e firmeza de propósitos em cumprir alguma missão, o Alto fará o resto e jamais precisareis faltar ao compromisso assumido com o desejo sincero que vem do coração.

Recebei todos os recados com amor, como se não fora para vós em especial, mas intimamente para cada uma e para todas em conjunto.

A bênção da Mãe do Alto,
Maria de Nazaré

Instruções

Afastai as nuvens e procurai ver através delas como é bela a Luz do Altíssimo. Somente nesta Luz deveis concentrar-vos, encontrando nela toda a força.

Esta mesma Luz foi que vos inspirou a trilhar o caminho da Cruzada Espiritual e esta mesma Luz vos continuará inspirando a prosseguir, quando as nuvens escuras desejarem toldar a beleza da paisagem.

Filhas queridas, quando não encontrardes estímulo entre vossas companheiras da Terra, procurai-o nos amigos do Alto e encontrareis à frente de todos, esta que se assina.

A Mãe de Jesus,
Maria de Nazaré

Eu sou a brisa

Assim como a brisa fresca da tarde cobre de frescor o rosto do viajante, eu me aproximo de vós. Assim como eu me aproximo com o frescor da brisa, se aproxima da Terra minha Cruzada trazendo as bênçãos de Jesus.

Os corações da Terra já se capacitam da importância de obras que despertem a Fé. Elas são, realmente, a única salvação, o único amparo em meio a tanto sofrimento. Em vossas orações, pedi que todas as sementinhas da minha Cruzada que se encontram dentro dos corações femininos, na Terra com esta missão, sejam despertos o mais breve possível para o trabalho santo.

As reuniões têm sido motivo de grande alegria no Alto, pelo grande bem que tem sido possível fazer através delas, cumprindo as finalidades da Cruzada na Terra, qual seja irradiar o trabalho das entidades a serviço do Senhor. Estas entidades encontram-se felizes convosco.

Acompanhando os trabalhos, lembro, agora, às queridas filhas cruzadas, que, o objetivo maior da visitação aos lares, é levar a Fé e lembrar a oração. Se isto conseguirdes fazer, tereis feito tudo, nada ficando a acrescentar. Por isso peço que se abstenham de dar conselhos quanto a maneira de viver do visitado, o que se deverá dar somente no sentido de incentivá-los à oração e ao pensamento positivo. Se ouvirdes instruções de vossos mentores, contando como vivem ou pensam aquelas pessoas, não o digam, pois isto será somente para vosso esclarecimento e não para mostrardes ao visitado que podeis perscrutar-lhes a alma. Ninguém gosta de se ver despido de sua roupagem de bom, em presença de quem quer que seja. Deveis ao contrário, demonstrar que acreditais em sua pureza e bondade, no que não fareis favor algum, visto que realmente todos têm dentro de si algo de muito bom. Evitai estas demonstrações, quer em visitas, ou em vossas vidas particulares, porque o dom da adivinhação é faca de dois gumes que poderá ferir a quem a usa. A continuação do uso desta faculdade, poderá levar-vos à vaidade. Vaidade, inimiga perigosa dos seres. Deve ser evitada a todo custo, pois que, com ela, estareis irremediavelmente perdidos.

Após estes conselhos dados por um coração de Mãe que muito vos ama, despeço-me, derramando a minha bênção sobre esta família reunida hoje e sempre.

Maria de Nazaré

Na paz do silêncio o Alto trabalha

Na pureza do silêncio, as luzes vos envolvem. Na paz da consciência da missão cumprida, Maria vos abençoa. Na união dos vossos corações em oração o Alto trabalha.

Só na paz, no amor e no silêncio, pode-se ver unido o Alto com a Terra. Por esse motivo peço-vos que continueis unidas nesta paz e nesta harmonia, para que os anjos do Senhor façam uso de vós. Para essa finalidade foi criada minha Cruzada.

As luzes da Paz continuarão envolvendo vossos espíritos durante mais uma semana de trabalho na Cruzada.

Assim vos abençoa a Mãe do Alto,
Maria de Nazaré

Preparação

Jamais tereis visto, filhas queridas, sobre a Terra trabalho algum ou obra que não necessitasse de uma preparação prévia. A preparação para a construção de um edifício é a limpeza do terreno para colocação dos alicerces. Da planta, é adubar a terra para que floresça. Na espera da criança, é a preparação do enxovalzinho, e assim nada, para ter bom resultado, poderá deixar de ter uma preparação.

Imaginai então do que se faz necessário para a preparação de ambientes onde se realizam trabalhos de alto teor espiritual. Para estes ambientes, deslocam-se os espíritos de luz que vêm preparar as correntes magnéticas que envolverão os chamados "sofredores" que, para aí, também vão em aprendizado e outros que são trazidos por vós, encarnados. Não haveria justiça se as reuniões fossem criadas para os espíritos puros, pois que estes têm suas reuniões nos Planos elevados em que vivem. Os espíritos puros aqui vêm trabalhar e ajudar aqueles que não desejam largar o ambiente terreno.

É preciso que seja dado o devido valor à preparação, que não pode prescindir da vossa cooperação, já que a reunião se dá em vosso próprio ambiente. Ao despertar, deveis lembrar-vos de que é dia de reunião e para ela começar a preparar-vos com as preces, irradiando para a sede um pensamento de amor, que auxiliará os trabalhadores que para aqui se deslocarem. Preparar o espírito com pensamentos saudáveis e humanitários, para que sejam puros. Os pedidos que aqui desejardes fazer, começai a anotá-los ainda ao despertar em seguida às preces, para que as entidades já se vão inteirando do quanto são importantes para vós.

O amor e a dedicação se mostram na forma da preparação. Se não derdes importância a um trabalho, como desejar algo positivo deste trabalho? Dedicação e interesse são formas de amor e isto requer preparação.

Desta preparação se forma o ambiente puro para servir. Da boa vontade e dedicação de todos que desejarem receber algo deste ambiente. Colocai vosso pensamento e vossa vontade a serviço do ambiente que ireis fazer uso, quando aqui chegardes. Assim, cada vez mais graças serão recebidas, porque unicamente para vós trabalhamos.

Digo-vos que, assim como vindes pedir, podereis vir também para dar e disto cuidará o Alto, bastando que vossa intenção seja pura. De vossa vontade de dar, surgirão mais oportunidades de receberdes.

Por este motivo peço-vos muita concentração ao deitar. Orações e leitura, para vos poderdes manter; umas orando pelas outras e todas pela nossa Cruzada, para que esta, cada vez mais, receba as luzes de Meu Filho Jesus, que já se acostumou a ajudar-me também neste trabalho que a mim confiou.

A bênção da Mãe do Alto,
Maria de Nazaré

Vontade de vencer

Todo trabalho é abençoado, pois esta palavra por si traz uma mensagem do Alto. O que seria dos homens se não compreendessem este recado Divino? Morreriam de fome, de sede e de frio. Isto quanto à sua formação física, que não poderia subsistir sem ser atendida em suas necessidades. Eu vos concito a pensar, então, no trabalho espiritual, porque o espírito ainda mais do que o corpo físico tem suas necessidades: a sede de amor, a fome de sabedoria, para que não penetre em si o frio da maldade humana que enregela os corações. Trabalhando o espírito e satisfazendo-o em tudo que precisa, ele alimentará o corpo e então até a fome será menor e bem assim, a sede e o frio. Trabalhai, portanto, alimentando o espírito para que possais, cada vez mais, trazer o corpo fortalecido para as tarefas físicas.

Quanto mais trabalhardes mais tereis ânimo e vontade de vencer. Duas qualidades das quais depende a nossa Cruzada: ânimo e vontade de vencer. Toda máquina parada tende a perder a perfeição do seu funcionamento. Por isso vos digo que não deixeis parai nunca esta máquina maravilhosa que é o coração de cruzada que cada uma recebeu como dádiva Divina.

Esta Mãe do Alto vos abençoa a todas,
Maria de Nazaré

A felicidade do Alto

Procurai imaginar uma festa em um dia alegre, cheio de luzes e felicidade. Pessoas recebendo presentes, carinho e demonstrações de alegria. A volta de um ente querido de há muito afastado do vosso convívio. A recuperação da saúde perdida. Conseguir o perdão por faltas cometidas. Procurai imaginar em vosso cérebro, estas imagens que vos dei e são, bem sei, motivo de alegria e felicidade sem par na face da Terra. Pois, digo-vos que não conseguireis, mesmo assim, adivinhar a alegria que se transporta para o Alto, através das entidades aqui presentes ao ver o íntimo de cada uma neste recinto, transbordando de amor. Esta é a verdadeira felicidade do Alto: sentir que conseguimos fazer com que nos ouçam e sigam as determinações dadas por nós, fazendo que assim seja possível continuar esta obra de amor enviada a vós.

Caminhai em vossas estradas e tudo o que desejardes fazer em prol do engrandecimento desta obra, fazei, porque estareis apenas cumprindo determinação de vosso íntimo para ajudar ao próximo. Sois as responsáveis pela sua divulgação, o que fareis dentro de vossas possibilidades. Caminhar é o que importa, dentro da mesma estrada, umas mais apressadamente, outras mais devagar, porém todas caminhando.

Já vos dei a imagem da nossa alegria, e não vos preocupeis com a vossa falta de prática nos setores de trabalho, porque até esta preocupação em servir, temerosas, porém cheias de amor, faz com que as ajudemos mais. Por motivo desta inexperiência é que vos auxiliamos tanto, porque sabemos tratarem-se todas de crianças grandes e boas, querendo dividir com todos o brinquedo lindo que receberam das mãos do querido Apóstolo Tomé, naquele 4 de abril.

Continuai como crianças boas a dividir o brinquedo que seria demasiado para vós, porque um só coração não conseguiria guardar tanta luz e tanto amor. Quanto mais derdes, maior

se tornará o presente e mais tereis para distribuir.
Com a alegria de todas as entidades aqui presentes, se despede de vós esta que é a vossa Mãe do Alto,
Maria de Nazaré

Cruzada de coração aberto

Na Terra tudo nasce, vive e morre. No Alto tudo vive para sempre.

Assim como o alvorecer das manhãs mais lindas, é o vosso coração de cruzadas. Os votos desta Mãe do Alto são no sentido de que vossa missão seja também como o alvorecer das manhãs mais lindas, cada dia mais perfeito e mais esplendoroso. Que o sol, que nasce todas as manhãs, vos fortifique em vossos propósitos. Que a luz que se faz presente em vossas noites, vos dê a calma da reflexão perfeita para sentirdes o caminho a seguir.

Esta é a minha Cruzada, Cruzada de coração aberto, de irmãs em luta pelo seu próximo.

Maria de Nazaré

"Senhor quase sempre pela dor Vos encontramos. Pedimos nos leve a dor, porém pedimos, mais firmemente, que a ausência da dor não permita jamais Vos esqueçamos."
Francisco de Assis

O sofrimento do planeta Terra

Grande é o sofrimento e a dor espalhados por todo o planeta Terra. Grande é também a ingenuidade dos viventes humanos da era presente. Grande é, porém, o interesse e o apoio que desejam vos enviar as entidades a serviço do Pai Celestial.

Existe muita necessidade de que as correntes já criadas na Terra não cessem seu trabalho em auxílio dos mensageiros do Senhor que à Terra vêm para colaborar e procurar diminuir o sofrimento e a dor que vos cercam e envolvem. Por isso, Maria está feliz com a resolução de suas filhas muito amadas, procurando conciliar obrigações terrenas com seus deveres espirituais. Encontrareis sempre uma forma de não faltar com vossas obrigações de mães de família, não faltando também com os compromissos assumidos no Alto. A angústia de faltardes aos compromissos espirituais fará que sempre encontreis uma forma de não falhar. Convosco sempre estarei ao lado de vosso sacrifício, angústia e vontade de servir, trazendo-vos a solução para que não vos possais sentir em falta.

Lembro agora que seja feito um chamamento às cruzadas que trabalham durante o ano letivo, para que venham em suas férias suprir a falta das filhas que tiveram de ausentar-se por motivo das férias da família.

O trabalho de Maria não poderá parar e com vossa boa vontade ele progredirá sempre, porque realmente o tempo é bem pouco para que possamos parar de trabalhar, quer no Alto como na Terra.

Deixa-vos a sua bênção a Mãe do Alto,
Maria de Nazaré

Organização

A nossa Cruzada tende a expandir-se, e isto se irá dando à medida que vos fordes interessando e trabalhando, de acordo com o número de cruzadas que conseguirdes reunir. Muitas das almas que nasceram para este fim, ainda não descobriram suas missões e quando vos encontrarem ainda, por vezes, vacilarão. Sede, portanto, muito objetivas durante as reuniões, dando sempre uma explicação sobre a fundação e funcionamento da Cruzada, para que, aquelas que estão assistindo, possam ouvir o seu chamado espiritual recordando em seus cérebros a promessa feita no Alto.

Desejo, ainda, pedir que, as mais experientes de vós, dêem aulas em seus postos, de como deve ser feita uma cruzada nos lares para que todas possais treinar. Durante estes treinos ou aulas, serão todas iluminadas e vereis vossas mediunidades desenvolvidas dentro da intuição, para sempre melhor falardes. Naturalmente que, se melhor falardes, melhor divulgareis a obra. Porém, somente, neste sentido, porque em relação às bênçãos ou curas, estas serão as mesmas. As mais inibidas poderão simplesmente efetuar a leitura de um trecho do estatuto, e, assim, verão resolvido o seu problema. Jamais deixeis de fazer uma visita por não vos achardes capazes. Esta confiança aumentará à medida que confiardes mais no Alto.

Antes que a Cruzada cresça demais, é preciso que cuideis muito da organização interna, dividindo visitas e trabalhos, para que tudo possa funcionar a contento. Se desejardes fazer todas as visitas em uma semana, em breve não tereis mais tempo para dormir.

Antes que sejam colocados os tijolos de uma obra, deve-se assegurar de que os alicerces estejam bem fortes.

Cuidai de dividir bem o tempo, só não esquecendo de colocar em primeiro lugar os pedidos de visitas a pessoas doentes. Começai a preparar-vos para colocar em um livro os pedidos de visitas, para que sejam atendidas pela ordem, pois que estes se vão acumular, e não podereis atender a todos de uma só vez. Todos os nomes colocados no livro já passarão a ser visitados pelas entidades preparadas para assisti-las espiritualmente. A obra continuará a crescer, não tenhais dúvidas, e sem organização não podereis correr mais do que o permitam vossas forças.

Assim vos falo em nome destes incansáveis trabalhadores do Espaço, que aqui vêm servir-Me, mas, principalmente, servir-vos, para a graça do Senhor e o coração desta Mãe que muito vos ama,
Maria de Nazaré

Os sacrifícios do passado

Filhas queridas, assim como recebeis em vosso ambiente novas visitantes com tanta alegria, assim também vieram do Alto, antigos e novos visitantes, para cobrir de bênçãos o vosso ambiente.

Não venho pedir-vos que andeis descalços, mas que com os pés agasalhados, andeis para agradar ao espírito. Não venho pedir-vos que deixeis de vos alimentar, mas que alimentadas, caminheis sempre. Não venho pedir-vos que deixeis de vos agasalhar, mas que agasalhadas, leveis o calor do vosso amor a todos os irmãos necessitados. Não venho pedir-vos que vos deixeis abater, mas que possais saber humilhar-vos, para que mais próximo de vós, Eu possa estar. Não venho tampouco pedir-vos que sejais como Francisco de Assis, que em êxtase pediu as cinco chagas de Cristo.

Venho, sim, pedir-vos que caminheis, levando o amor, matando a sede e a fome de Fé. Que vos humilheis, mas que tudo façais cuidando de vosso corpo físico, para terdes vida longa, e assim ser os apóstolos de Jesus na Terra.

Neste século em que nascestes, já se encontra a humanidade mais esclarecida para vos receber com compreensão, não sendo necessários os sacrifícios de tempos passados, para que esta Cruzada seja eternamente gloriosa. Todo amor, vos traz hoje, como ontem, esta Mãe do Alto,
Maria de Nazaré

A missão

Missão é a alavanca do eixo que faz girar a roda. É a chave que ligada faz vibrar a corrente. É tudo aquilo que impulsiona a criatura para o bem.

A missão é primeiramente pressentida, depois sentida e em seguida se avoluma no espírito até obrigá-lo a ligar a chave mágica. Cada um recebe uma missão. Elas existem iguais e diferentes, como semelhantes e diferentes são as criaturas. Em conseqüência, são as missões distribuídas de acordo com a capacidade e vontade de cada um, para que possam realizá-las com perfeição. Assim é que, se alguém desejasse cumprir a missão de outrem, não conseguiria fazê-lo a contento.

A trilha é mostrada, pressentida, sentida e é dado o impulso para palmilhá-la. Almas irmãs são arrebatadas pelo mesmo impulso. Reúnem-se e dão início ao trabalho. Seja o que for, em que ponto da Terra estiver, é a sua missão e como tal deve ser profundamente respeitada.

Cada missão tem sua finalidade embora em conjunto formem um todo, que realmente se transforma em um só ideal. Cumpre-se desta forma o desígnio do Alto — assim como cada rio segue o seu curso embora todos se encaminhem para o mar.

O meu desejo é fazer-vos sentir a necessidade de releitura dos ensinamentos que serviram de base à vossa missão, para que, penetrando em vosso cérebro, possam conduzir-vos ao caminho certo. Não percais tempo em olhar para os lados parando para julgar a missão dos vossos semelhantes — se é deles, não é vossa, portanto somente a eles cabe. Mesmo que vos pareça grandiosa a missão que traz manifestações assombrosas, digo que ela é muito penosa e infinito é o aprimoramento das faculdades de tais missionários. Meditai na beleza espiritual de uma incumbência tecida de Fé e simplicidade, fortalecendo a tudo e a todos, pelo reencontro da criatura com Seu Criador, unicamente pela Fé.

As demonstrações sobrenaturais impressionam mais, e ainda existem para fortalecer a crença dos que ainda precisam ver para crer. Os trabalhos baseados na Fé, trazem consigo resultados que são comprovados diariamente por aqueles que se beneficiam com eles.

A Fé profunda, vos digo, prescinde de demonstrações que retardam a verdade, pela perda de tempo tão precioso em cada vivência terrena.

Esta é a Fé que vos dou, pura e elevada para que possais distribuí-la com aqueles que só podem crer naquilo que vêem.

Estareis assim construindo a Fé do futuro século, com luzes e alegrias que serão a constante das almas que ficarão e das que chegarão para cumprir novas missões, cada vez mais elevadas porque de acordo com os espíritos que virão cumpri-las; mais elevados e suaves.

Abençoando a todos, presentes e ausentes, a Mãe do Alto, Maria de Nazaré

Proteção

Quando se trata de salvar um náufrago, pessoas empenhadas nesse mister jogam cordas ao mar para auxiliá-lo, pois temem as correntes marítimas. Em um simples salvamento, os banhistas formam cordão com as mãos dadas, até que o primeiro da fila possa chegar ao afogado e segurá-lo fortemente. Somente quando o perigo é muito pequeno, aventura-se alguém a ir sozinho ao encalço do afogado.

Em caso de incêndio, grandes escadas são usadas e todo material necessário, para salvar as pessoas em perigo. Quantas vezes a arrojada atitude de um bombeiro, tentando salvar sem as medidas de proteção, o leva a morte. Assim, tentando salvar uma pessoa, deixou de salvar a um milhão de criaturas que iriam precisar de sua ação conjunta e segura. A valentia desmedida e cega jamais agradou ao Senhor, por fugir inteiramente ao raciocínio que leva a ações calculadas e, portanto, cobertas de êxito.

Criei estas imagens para compará-las ao trabalho dos médiuns e em especial, ao vosso, filhas cruzadas. Desejo preservar-vos como Mãe amorosa, avisando dos perigos a que vos podeis expor, quando arrojadamente vos furtais ao auxílio das correntes protetoras, para usar unicamente a proteção de vossos anjos de guarda, muitas vezes impotentes para, sozinhos, defender seus guiados dos perigos das correntes malévolas. Estas trabalham com espíritos das trevas tão poderosos que só devem ser enfrentados, por mais poderosa corrente, guiada pelas Forças do Bem, que vivem a serviço da caridade entre o Céu e a Terra.

Quando vos filiardes a alguma organização espiritualista, procurai proteger-vos na corrente de luz que esta casa passa a oferecer-vos. Para lá deveis levar todos os necessitados de auxílio, para que sejam tratados convenientemente. Nos trabalhos, para atendimento domiciliar, como no caso da Nossa Cruzada, reparai que é exigido o mínimo de três pessoas que irão formar a corrente protetora com as luzes da organização. Assim, as nossas cordas, roupagem apropriada e tudo necessário à vossa proteção e conseqüente sucesso, são a corrente de luz inerente a cada trabalho espiritual. Ao prescindirdes desta Luz, no afã de ajudar ao próximo, estareis vos expondo ao fracasso do bombeiro morto. A união faz a força e vos aviso para não tomardes encargos sérios por conta própria. O mesmo se dá em atendimentos particulares feitos pelos médiuns em suas casas, exagerando em seus deveres para agradar ao Senhor, "quando a Jesus não agrada a caridade sem raciocínio".

Para não entrar em choque com as leis de causa e efeito que cercam a todos, devereis estar protegidos para não vos tomardes de salvadores em perdidos, culpando ao Alto, por vossa invigilância. Os hospitais da Terra estão cheios de doentes mentais que nada mais são que médiuns invigilantes.

Aproveito para reafirmar a proteção que vos envio quando em trabalhos da Cruzada, e apenas peço que somente façam visitas, as cruzadas que freqüentem as reuniões, quando são afivelados os cintos de segurança e aprimorados os canais mediúnicos, para que sejais as portadoras das mais puras irradiações do Alto.

A bênção da Mãe do Alto,
Maria de Nazaré

As religiões e a cruzada

Já vos disse no Livro, *Corolarium*, que não vim fundar uma nova religião, mas sim ampliar a religião do amor. Assim, vim aprimorar a única parte verdadeira, porque cristã, de todas as religiões: O Amor. A Cruzada é a evolução natural que ocorre em várias épocas do sentimento puro e elevado deixado por Jesus Cristo nas palavras "Amai-vos uns aos outros". Tiremos então tudo de positivo nesta Lei e ampliemos ao máximo em todos os corações a confiança em si mesmos, na proteção Divina, aumentando-lhes a Fé como tábua de salvação para a enorme legião de náufragos da vida, a fim de que possam dar o devido valor a cada momento ou oportunidade, sejam tristes ou alegres.

Quantos belos ensinamentos se passam em vossas vidas, sem que deis a eles o devido valor. E quantos momentos de tristezas e provas difíceis, que também deixais de assimilar como ensinamentos, acalentando a revolta e fugindo a compromissos assumidos com vós mesmos. O certo seria que nesses instantes désseis provas de espiritualidade, agindo da forma como ensinais a agir vossos irmãos menos esclarecidos. Mais razão tem para errar quem desconhece o Evangelho. Meditai em todos aqueles ensinamentos, sendo prudentes nos conselhos a terceiros, para que seja implantada a Fé em nossa Cruzada.

Tão simples é a Lei do Amor. A Lei que faz com que olheis para vossos irmãos com complacência e compreensão. Quando assim agis, os conselhos dados encontram guarida nos corações sofredores e os faz despertar na Fé. Trago esses conselhos para juntardes a tantos outros já enviados, neste intercâmbio de trabalho e amor.

Se desejardes comparar esta Cruzada com alguma religião já existente, digo-vos que mais se assemelha com aquela que teve suas raízes nos ensinamentos deixados por Pedro, "O Pescador". Digamos que é um aprimoramento no intercâmbio espiritual, ampliado pela evolução dos tempos, mas que conserva tudo de bom que deixaram aquelas raízes do cristianismo; propagação de Fé pura, que procura levar à criatura a consciência de si mesma, na comunicação com o Altíssimo, nosso Criador.

Assim, peço-vos, e é muito importante, que abandoneis a preocupação demasiada a vínculos espíritas arraigados a demonstrações materiais ou físicas, que, embora válidos em outros trabalhos são desnecessários em nossa Obra. Nosso propósito se baseia na Fé, que prescinde de demonstrações e procura unir o Alto à Terra, através da confiança na oração.

Segui puramente minhas instruções, delas não vos afastando um milímetro sequer, pois outros tipos de trabalho já existem em grande número.

Para nós não haverá barreiras de religião porque teremos acesso a todos os religiosos, unificando-os na Lei do Amor. Este amor não poderá fenecer, para o que peço muita segurança e cuidado com as sementinhas que vos chegam. Virão elas puras de máculas religiosas, desgostosas por vezes, porém sem vícios. Não as envieis para outros canteiros em busca de luz ou calor, porque do vosso canteiro cuido Eu, sabendo regá-las nas horas certas, fazendo-as crescer. Tudo temos em nosso jardim. Por que a procura, esquecidas de um começo, um meio e um fim?

Não vos preocupeis com mediunidade, porque esta virá a seu tempo em forma de inspiração e segurança. Fazei, isto sim, crescer o Amor, a paciência, a compreensão, cultivando o exemplo da fé a fim de poderdes falar de algo que conheceis a fundo.

Vede, filhas, que bem fácil é ser Cruzada de Maria, pois grande é nosso horizonte, havendo lugar para todas, sem preocupações com mediunidade. Procurai ceder aos bons conselhos que cada irmã terá para a outra e assim não precisarei ditar conselhos particulares, ensinando o Evangelho a quem deve sabê-lo de coração.

Criemos nosso vocabulário de amor, para usarmos durante as visitas, às quais estou sempre presente. Respeitemos para sermos respeitadas; nossa vela é a oração sincera, o copo com água a noite é para o contato com as Forças do Bem e o socorro é Jesus.

Irradiemos Amor e receberemos Amor, filhas queridas, a quem envio neste momento e sempre a bênção da Mãe do Alto,
Maria de Nazaré

Responsabilidade é o tema

Sois chamados à responsabilidade em cada instante de vossas vidas. Podeis pretender não compreender o que vos é ditado na mente espiritual, porém é cada vez mais necessário o chamamento à responsabilidade do vosso eu espiritual ou material. Dentro desta chamada inocente e aparentemente inútil ireis recordando todos os compromissos assumidos, dívidas passadas, e nesta tomada de consciência, vosso espírito se engrandece.

Porque viver senão para o bem? Na justiça e no perdão estareis fixados nas Leis de Jesus, tendo sempre a paz como companheira.

Problemas todos têm. Depende de vós encará-los com maior ou menor fé, mais responsabilidade ou levianamente. Esta é a chave para muitos problemas que atormentam a humanidade. Responsabilidade de cada qual cumprir a sua parte na vida e cumpri-la bem.

Com a ajuda do Pai tereis vosso tempo alongado e a vosso dispor. Responsabilidade perante os homens, falamos. Responsabilidade em vossa missão e assim, perante o pai, imploramos.

Neste ano que se finda para vós, trazemos tudo que possais desejar, com muita luz e muita paz, para que possais continuar vivendo enquadrados na Lei sábia da responsabilidade que vos ajudará a viver, enquanto na Terra, e depois vos ajudará a viver no Espaço infinito, Pátria do amor e da responsabilidade para aqueles que souberam cumprir com afinco suas missões.

A Mãe do Alto,
Maria de Nazaré

Fé e certeza

Fé sem certeza não é fé. Entregastes um pedido a autoridades competentes, porque julgastes que elas tomariam conta de vosso problema. Por que então continuar a vos preocupar? Fé sem certeza não é fé. Ou confiais nas entidades ou duvidais de sua força. Julgais não serdes merecedores? Ainda assim entregai-vos na Lei da não resistência e confiai o julgamento a nós. Saberemos se sois, ou não, capazes de merecer uma graça das entidades Superiores. Se desejardes pedir auxílio nas preces, isto sim, pois quanto mais pessoas orarem pelo mesmo pedido, com amor e amizade, conseguirão maior vibração.

Aqui, em nosso ambiente, todos oram por vós; despreocupai vossa mente, entregai-a com muito amor e certeza, nas preces que fizerdes, nos pedidos que formulardes, porque fé é certeza.

Uma vez adquirida a fé tão perfeita e pura, não mais duvidareis até de vossa própria força. Cada resposta que vier em forma de graça será a vossa certeza, aumentando vossa confiança e vossa fé.

Aqui estamos e em todos os lugares onde um filho nos chamar, mesmo que temeroso e incrédulo. Sois crianças grandes que pensam ter fé e ainda duvidam.

Comunicai-vos conosco e iremos aumentando vossa fé, unindo cada vez mais vossa vibração à nossa. Seremos um só na vibração, um só nas aflições e um só na resposta que vier em forma de prece que traz as graças pedidas.

A bênção da Mãe do Alto,
Maria de Nazaré

Incorporação

Não deveis preocupar-vos com o fato de não ser permitida a incorporação em nossos trabalhos. Sendo sábios, os mestres que vos orientam a todo instante, o que prevalece é a sua vontade e não a vossa. Assim sendo, eles nunca poderiam procurar tolher vossa mediunidade como que pretendessem prejudicar ou atrasar vosso desenvolvimento. O que é feito em vós é exatamente na medida certa, de acordo com as necessidades de nossos trabalhos. Todos recebeis grande proteção e purificação. As entidades tristes que em vossa invigilância vos acompanham, de vós são afastadas com todo carinho.

Inspiramos a melhora eterna mediante o aprimoramento moral e, portanto, espiritual. Uma vez que os trabalhos são de elevação e pureza, necessário se faz que vos aprimoreis cada vez mais, para poderdes estar à altura de servir as entidades presentes. Elas necessitam de vossa pureza e interesse nos caminhos da espiritualidade. Apenas isto vos solicitamos: calma, confiança, esperança e muita vontade de servir com pureza.

O que ocorre é que, a vossa preocupação com a mediunidade, não vos permite sentir o que se passa através de vós. Aprimorai-vos e podereis sentir tudo que se passa ao vosso redor, mundo invisível e cheio de formas e beleza. Mundo cheio de vida espiritual.

Preparai-vos sempre para servir, porque sempre estaremos fazendo uso principalmente de vossa passividade.

A bênção da Mãe do Alto,
Maria de Nazaré

Vosso prêmio

Vinde colher as flores do meu jardim. Vinde a esse passeio para o qual convido, como merecido prêmio após uma semana de intenso trabalho na visitação aos lares.

Tudo aqui é colorido, mas acima da beleza existe a paz dos elos de vossa mente em eterno desejo de evolução. Eu vos auxilio nesta evolução.

Por minhas mãos encontrareis a flor que buscais, de perfume permanente, e cor que não desvanece perante a luz, porque ela própria é luz.

Lavai vossos pés nesta água límpida. Descansai nesta relva de maciez não conhecida por vós. Meditai na felicidade que vos envolve neste momento. Vede bem que valeram a pena as lutas e o cansaço, pois que vos ofereço o refrigério da paisagem mais pura, da flor mais bela, da água mais límpida.

Continuai em vossos caminhos de cruzadas de muito amor porque ao término de cada trabalho encontrareis a mão desta Mãe conduzindo-vos pelos caminhos da paz.

Senti a frescura da brisa soprando-vos no rosto e voltai ao vosso posto de trabalho. Ele, embora cheio de lutas, será sempre a ponte que vos há de transportar ao meu jardim, pousada de paz e amor.

A Mãe do Alto,
Maria de Nazaré

Cruzada atuante

Nossa Cruzada acaba de passar do período experimental ao prático e atuante, dentro do progresso necessário na Terra e o espiritual imprescindível à alma.
Uma criança nasce pura, mas inexperiente. Contudo, mesmo nascendo longe de qualquer progresso material, jamais se encontrará longe do favor que lhe será dado pela Divindade, que não desampara seus filhos amados. Quando pequeninos a Divindade lhes é presente nos menores atos e atitudes. Sua pureza e ingenuidade favorecem esta ligação e lhes vêm o socorro nas menores coisas. Porém, quando cresce, necessário se faz, que ela procure por esforço próprio ligar-se a esta Divindade, que tende a afastar-se pelas faltas que são cometidas deliberadamente. Entenda-se por afastamento, uma espera paciente e boa do Criador para com suas criaturas, dando oportunidade que elas provem e entendam por si o valor espiritual que vêm adquirindo nas incontáveis idas e vindas, entre os planetas habitados e o mundo da verdadeira vida, ou seja, o espiritual. O ser é agora consciente e a Divindade não pode agir por ele, mas auxiliá-lo se assim desejar. Sendo consciente, pode e deve fazer uso dessa condição para encontrar o Deus que traz dentro de si.
Comunicai-vos, ser vivente, filho de Deus que sois, com vosso Criador. Deixai-vos inspirar por Ele, para que não erreis mais. Buscai-O nas mais pequeninas coisas e Ele estará presente, acabando com a insatisfação. Permiti que a Divindade vos cerque e vos ame, para que possais distribuir este amor com os menos afortunados da fé, com os que pensam que vivem e apenas andam e respiram como todos os seres humanos — a verdadeira vida, a do espírito, está morta, afastada das vibrações puras e portanto em sofrimento. Como gostaríamos de abrir suas mentes e fazê-los sentir nossa presença, presença de servos do Senhor, desejosos de dar o que já conseguimos adquirir.
Fazei esforço sobre-humano, se necessário for, mas deixai

brilhar em vós a luz da espiritualidade, a luz da Divindade. Aquele que pede para dar, jamais deixará de receber. Pedindo com sinceridade e amor, muito vos será dado para que possais distribuir. O caminho é um só, embora cada um o veja a seu modo. Jamais critiqueis atitudes de um irmão por ele caminhar diferente de vós. Afastai a crítica de vossa vida e pensamentos. Todos caminham e quanto mais vos integrardes e pedirdes mais tereis para dar. Minhas assessoras estarão vigilantes e saberão dar-me contas de vossos atos, para que eu possa ajudar mais de perto aquelas que se encontrem afastadas do caminho desejado.

    Cuidai cada um de vossos próprios atos e vigiai muito, porque o período de experiência já passou e chega a fase da conscientização de que falei. Deixai brotar a consciência. Quem meditar no que faz e diz, antes de fazê-lo, agirá com consciência e jamais poderá errar. Evitai de todas as formas a polêmica, que nada trará senão a vibração negativa que conturba os ambientes. Procurai conservar a palestra cordial e amiga entre todas, para que reine a harmonia e a paz.

    A Mãe do Alto,
    Maria de Nazaré

Purificando a aura

Todos os presentes se acham envolvidos pela luz violeta que purifica a aura, aumentando sua força.
Viestes em busca de uma resposta! Eu vos digo que esta resposta está em vós mesmos, na dedicação e no amor que colocardes em vossa prece ao fazer algum pedido. Tudo vos é dado com igualdade nesta casa. Não vos lastimeis, porque grande é o número de infelizes em pedido constante de socorro e, assim sendo, grande é nosso trabalho.
Vós que aqui estais, já encontrastes o caminho ou, pelo menos, já tendes o desejo de procurar encontrar a paz e conseguir aquilo que almejais.
Aqui estamos para vos servir e o fazemos com amor. Ajudai-nos, porém, com vossa prece, para que possamos vos ajudar mais rapidamente. Sabemos de vossas necessidades, procurai saber de nossa existência através da prece que nos unirá em um único desejo de amor e intercâmbio espiritual, que poderá ser eterno.
A bênção da Mãe do Alto,
Maria de Nazaré

Banquete espiritual

Bemvindas sejais vós a esse banquete espiritual. Ele é programado no Alto todas as semanas para então vir à Terra para todas vós que buscais o conforto da prece e da palavra amiga. Para sentir o valor desse banquete peço-vos que deixeis vosso espírito crescer na espiritualidade, arrependendo-vos de todos os erros pretéritos e empregando toda força no desejo de vencer os obstáculos com paciência e confiança.

Senti tudo de belo que é trazido do Alto nestas tardes de quinta-feira para servir-vos no mais perfeito banquete espiritual. Quando vos faltam as flores nas jarras, cercamos vossa mesa com flores do Alto. Quando vos falta a união desejada ou sentimento puro de amor, nós vos cercamos com o nosso amor. Quando vos falta a paz tão necessária, nós vos envolvemos em suavíssimos fluidos prateados que vos trazem de volta a tranqüilidade. Assim, tudo que vos falta, nós complementamos com as luzes, a paz e o amor, para que as reuniões sejam sempre de grande proveito para vivos e desencarnados.

Entregai-vos a esses benéficos fluidos curadores, pois somente de vós depende esta cura, quer seja ela física, moral ou espiritual. O Senhor estará pronto a ajudar a quem deseja ser ajudado. Uni-vos cada vez mais nos desígnios do Senhor, pois tudo que é projetado no Alto é no ideal de melhor servir a toda uma humanidade que sofre por atraso espiritual. Dedicai-vos ao ideal de dar, dar sempre por amor e desejo de servir Aquele a quem prometestes servir, pois para Mim, como Mãe que sou, nada peço senão junto convosco poder trabalhar na Obra de auxílio ao Mestre de todos os mestres, o irmão de todas vós, o amigo insuperável, o vosso humilde, Jesus de Nazareth.

A bênção da Mãe do Alto,
Maria de Nazaré

Livre de pecados

Quem for livre de pecados, atire a primeira pedra! Será sempre muito mais fácil aos homens acusar seus irmãos do que procurar compreendê-los ou ampará-los. Se tivésseis somente uma existência, na qual fôsseis virtuosos, inteligentes e caridosos, ainda se poderia aceitar vossa incompreensão para com aqueles que erram.
Se pudésseis olhar para o passado milenar, certamente ficaríeis envergonhados de tantas faltas cometidas, com requintes de maldades. Olhai então para o passado! Encontrareis os mais pesados pecados por vós praticados. Por que, então, ter sempre a censura à vossa frente? Por que a inveja das mais simples coisas que não vos pertencem? A cada qual é dado de acordo com seu merecimento, dentro da Lei sábia e justa das reencarnações e de que cada um tem o que merece. De que serve a preocupação exagerada com os infortunados, ou a maledicência para com os mais afortunados? Cumpri a Lei e deixai que a Lei se cumpra!
Lembrai-vos da pobreza desvalida, sem dar nome aos desvalidos. Lembrai-vos dos afortunados, sem despejar sobre eles vossa inveja. Deixai que tudo corra como os rios que fatalmente desembocarão no mais próximo oceano. O Pai não interfere no curso de suas criaturas, mas lhes dá todo o apoio, para que, procurando-O, possam encontrar a forma mais fácil de escorregar pelo leito de suas vidas. Deixai que cada qual escorregue também por seus leitos. Cuidai do vosso próprio caminho, para não perderdes precioso tempo. A todos é dada a liberdade de escolha; que cada qual escolha seu caminho, esquecido do caminho que seus irmãos escolheram.
Em relação à religião, quando vos aconselhamos a escolher determinado caminho, não é por acharmos que os outros não sejam bons, pois nunca dizemos qual seja o melhor. Apenas, pedimos uma decisão necessária ao vosso caminho evolutivo,

dentro do qual cada um deve encontrar-se para amar a Deus e assim sentir-se seguro e cheio de fé. A dúvida vos leva à incerteza e esta é irmã da falta de fé. Portanto, estareis perdidos.

Uma vez escolhido o caminho, seja qual for, que ninguém vos critique, ao contrário, que vos louvem. Encontrastes o caminho que para vós será o mais belo e verdadeiro. Será o caminho da fé, que vos levará ao Pai, e nosso coração se encherá de júbilo.

Vitória dos Céus e da Terra! Mensageiros encarnados e desencarnados estarão felizes porque conseguiram despertar em vós a certeza do caminho a seguir, na caridade, na paz e na verdade.

Lembrai-vos sempre de que não podereis despertar nos outros aquilo que não possuís em vós.

A bênção da Mãe do Alto,
Maria de Nazaré

Etapa importante

Penetrai, pela mente espiritual, no mundo invisível que vos cerca e ireis ver a beleza das cores e vibrações emitidas por vós e por Nós recebidas e distribuídas.

Etapa de grande importância e compreensão por parte das Cruzadas da Terra na aceitação de alguns sacrifícios em benefício de um todo.

O Alto vibra convosco e espera, em vós, cada vez mais união e entrosamento para que continueis os trabalhos com vibração de pureza, através da pureza. Vosso trabalho terá de ser cada vez mais puro, pois lida com vibrações puríssimas e delicadas. Quanto mais sacrifícios fizerdes em benefício do próximo, mais puro se tornará vosso ambiente e mais poderemos fazer por vós.

As causas puras têm que ser preservadas na pureza, ou então teriam que desaparecer para serem entregues em mãos que pudessem melhor servir. Porém sabemos ter escolhido muito bem nosso cantinho de amor e damos nosso alerta de vigilantes conscientes, para pedir-vos muito entrosamento, espírito de sacrifício em dar-vos, porque nossa criança já começa a querer ensaiar os maiores passos e necessita de vosso auxílio. Toda mãe se sacrifica por seus filhos na carne, sabei sacrificar-vos por nossa criança, para que esta caminhe em passos firmes, encaminhada por quem sabe encaminhar.

Juntas aqui estamos e em todos os lugares onde meu nome é evocado e sinto o dever de desfraldar meu manto protetor, pois grande é o amor que existe para ser distribuído entre os tristes, os doentes, os humildes.

Ajudai-nos nesta tarefa de amor e caridade e sempre estaremos prontos a trazer-vos a luz da purificação, da redenção e do amor.

A bênção da Mãe do Alto,
Maria de Nazaré

Orai e vigiai

Jesus quando andou pela Terra disse: "orai e vigiai". Meditai nestas palavras porque elas contêm um sentido profundo. Se tendes que orar e vigiar, é porque existe o perigo do mal à vossa volta; do contrário, por que orar e vigiar? As causas puras são trazidas à Terra em forma de religiões. Estas não poderiam ser iguais, pois que os homens são tão diferentes entre si! O que importa é que cada criatura procure agrupar-se na crença que mais lhe fale ao coração, para que possa ser sincero para consigo e para com a crença que abraçou. Uma vez abraçada com sinceridade, por que procurar dentro dela inovações? Meditai que outros grupos existem e talvez neles possais melhor vos enquadrar. Assim, ao invés de procurardes modificar o que existe, procurai penetrar no coração da Obra que abraçastes, para melhor compreendê-la. Dai vossa colaboração prestimosa, sem perturbar pela insatisfação as irmãs que precisam de paz para trabalhar. Todo trabalho espiritual precisa de paz acima de tudo, para que possam chegar as graças tão almejadas.

Procurai sempre o entrosamento pela palavra amiga na hora certa. Orai e vigiai digo-vos, pois que, se é iniciado um movimento de constante agitação, dentro de trabalhos coroados de êxitos, êxitos provados pelas glórias e vitórias conseguidas, o erro não está no todo mas sim na criatura em particular descontente. Quando isto acontecer entre vós, orai muito por estes irmãos ou irmãs necessitados de vossa prece e compreensão. Talvez venham deixando que seus problemas particulares interfiram no trabalho espiritual. Orai e vigiai para que possais ter a força de os sustentar ao invés de vos conturbardes com a palavra conturbada.

Em ambientes de paz só se compreende a paz; em meio à pureza só se admite a pureza. Ajudai-os a voltar à paz e à pureza sendo fortes em vossa determinação de ajuda e não de

subserviência que viria em prejuízo de vós e de quantos irmãos esperam de vós somente a paz.
A bênção da Mãe do Alto,
Maria de Nazaré

Imitando a natureza

Imitai a Natureza, filhos, e sereis felizes.
O sol desponta no horizonte todos os dias, sem indagar se existem nuvens no céu para toldar sua luz. Ele, simplesmente, cumpre sua obrigação de brilhar.

A lua, ao apontar em vossas noites, já brilhava durante o dia sem preocupar-se com o fato de que sua beleza só poderia ser vista ao chegar a escuridão. A escuridão dá maior realce à luz; meditai!

A chuva, ao cair, não indaga se irá beneficiar as flores ou se, em sua intensidade, poderá danificá-las. Cumpre sua missão e espera que o Criador refaça com outras forças da Natureza as flores que se danificarem com os vendavais.

Vivei e lutai sem esmorecer, pensando unicamente em vossas missões de cruzadas, porque este foi o compromisso que assumistes no Alto. Outras missões e ideais terão outros trabalhadores para cumpri-las e do Alto o Pai está pronto a zelar por todos os filhos que, como florzinhas, se desviem ou se firam no caminho.

Observai a Natureza e olhareis sempre de frente para o sol, ou seja, para a luz eterna que é Deus, sem temer sua luz, porque estareis em paz com vossas consciências.

As lutas e dissabores sofridos devem ficar no ontem de vossas experiências, sem toldar a confiança e a fé em vosso amanhã. Construí este amanhã com coragem e força para que possais transmiti-las a todos os vossos irmãos.

Trabalhai para esta Mãe que vos abraça e acarinha, cada vez que, como crianças, chorais esquecidos de que a vós não cabe consertar o mundo, mas unicamente, em meio a tanta dor, levar para todos um pouco de amor. Este amor que vos damos.

A bênção da Mãe do Alto,
Maria de Nazaré

Confiai em vós

Iniciai vossa caminhada de todos os dias com muita confiança. A confiança, aliada à fé, destruirá todas as possíveis barreiras que surjam para dificultar vossa caminhada. Esta confiança fará com que esqueçais o lado negativo das coisas e vejais somente o oculto, o sábio, o puro. Vereis o que a maior parte das criaturas não consegue ver: o belo de tudo.

Caminhai confiante e esperai, sem vos preocupardes com julgamentos, pois aqueles que disserem que não se deve julgar, já estarão julgando. Segui vosso caminho imitando a mãe, que ao conhecer o melhor caminho, o mostra a seus filhos. Sede, porém, como o sábio, que mostra exemplificando. Se concluístes que algo é bom para todos, dá bom exemplo e sereis seguido. Só seguirão bons exemplos, aqueles que forem iluminados pela mesma Chama Divina. Aqueles que vierem, observarem, compreenderem e simplesmente seguirem.

Por tudo isto, caminhai e segui confiante, sem permitir que a dúvida ou a descrença tomem posse de vosso cérebro. Aquele que se dedica a um trabalho puro, não pergunta, segue! No final da jornada olhareis para trás, e, se vosso exemplo tiver sido bom, muitos vos terão seguido.

Porém não vos julgueis, muitos já o farão por vós. Deixai que o tempo vos julgue e responda por todos. Se as sementes que espalhardes forem boas, darão boas flores. Se a árvore que plantardes for sadia, dará bons frutos, e a flor alegrará a todos e as frutas alimentarão a muitos.

Vinde, caminhai, olhai o horizonte e meditai: Terá ele feito algum esforço para provar que é um limite? Limite entre terras, limite entre a própria Terra e o chamado céu. Não, ele somente lá está, tranqüilo e passivo, existindo e provando a existência do limite que ninguém poderá negar. Também a luz não se preocupa quando se mostra a todos que queiram receber sua vibração. Vinde, caminhai sem refletir, seguindo o impulso de vosso coração, quando eles provam que são impulsos refletidos em sua essência, porque vindos de mais Alto.

Pensai e meditai sobre todas estas coisas e vereis que há somente razões para seguir confiante, quando a infinita bondade do Pai já reflete Sua grandeza sobre todas as causas justas que surgem na Terra. Delas farão bom uso, as almas puras, que, mesmo fraquejando, serão suficientemente ajudadas e aclaradas, para saberem porque seguem. Olharão para trás e verão outras tantas a lhes seguir o exemplo que deixam em sua caminhada.

Vinde e caminhai, pois que a cada passo estareis mais perto, de que e de quem? Aguardai e vereis.

A bênção da Mãe do Alto,
Maria de Nazaré

O arquiteto divino

Tem sido ensinado nas obras da Grande Cruzada, o perigo de palestrar em torno de assuntos que podem ser prejudiciais a um bom encaminhamento espiritual.

Se em vosso passado aconteceram fatos que vos tornaram infelizes, e estes fatos ainda vos molestam, é unicamente porque ainda não conseguistes libertar-vos deles, mantendo preso o pensamento à revolta e não aceitação daquilo que sofrestes. Filhos queridos, está unicamente em vossas mãos a condição de uma libertação total. Sois os vossos próprios arquitetos na construção eterna e vibrante de vossos espíritos, cuidai de formá-los, construí-los com perfeição.

A vós caberá ainda sentir alegria ou tristeza. Se a vós cabe construir os sentimentos que vivem ocultos em vosso interior e que adquirem forma de acordo com vossa vontade e permissão, pergunto-vos: Por que vos comprazeis em construir a dor e a angústia? Por que procurar no passado somente aquilo que foi doloroso? Se o passado nada tem para oferecer-vos como alegria, sepultai-o e não levai-lhe sequer uma flor, deixai que ele seja reintegrado às forças da Natureza como vibração inútil. A mãe Natureza que reconstrói para melhor, fará que as vibrações inúteis de vosso passado, reintegradas ao todo, se transformem em energias renovadas para então serem redistribuídas com todos os seres.

Vede bem, a flor que não levastes ao enterro de vosso passado, aquilo que não soubestes aproveitar e precisastes enterrar, esquecei. Aquilo que, enquanto caminhou convosco, somente vos perturbou, nas mãos da Divindade se transformou em um novo bem. Assim ocorre com tudo o mais em vossa vida e em toda a Natureza: "Nada se perde, tudo se renova".

Uma vez sepultada a dor e entregue à Divindade, que soube dela fazer uso adequado, renovai-vos também e esquecei as sombras para começar a construir a luz.

Aprendestes muito, em várias encarnações, mas, principalmente, deveis aprender a pensar que tudo o que ocorre é sempre para o bem de tudo e de todos. Levantai a cabeça com firmeza e não penseis mais no sofrimento sepultado e que já seguiu o seu curso no Universo. Deixai-os onde ficaram... entregues. Iniciai, então, uma nova caminhada cheia de confiança e certeza.

O caminho da espiritualidade não é para os que se enchem de dúvidas, mas para aqueles que, sendo aprendizes do Arquiteto Divino, saibam construir a certeza. Dentro da certeza, vossa vida será pontilhada de luzes mil, de cores infinitas, que se vos mostrarão no dia-a-dia que souberdes palmilhar com amor, aceitação, compreensão e força.

Meditai que tudo vos será dado para que possais distribuir. Na doação mais íntima e mais silenciosa, mais humilde, o homem de todos os tempos encontrará, então, a Luz Eterna!

A bênção da Mãe do Alto,
Maria de Nazaré

Visitação aos lares

"Sentimos em vosso cérebro a admiração por tudo que vedes e ouvis. Certificai-vos, mais uma vez, da beleza de nossa corrente, sempre a mesma em todos os lugares. As mesmas entidades, as mesmas preces, o mesmo amor."

E a vós, filhas queridas, com quem estou sempre presente, trago meu incentivo e carinho, como um pedido de união cada vez maior. Ajudai-vos mutuamente, interessando-vos pelo trabalho que vos fará esquecer todas as vossas angústias ou pequenas preocupações.

Ao efetuardes a visitação aos lares, encontrareis mais paciência e compreensão para com vossas próprias dificuldades. Encontrareis, também, cada vez mais, a ajuda desta Mãe que convosco caminhará por todas as calçadas, todos os recantos. Existem muitas dores, filhas, que não chegam até vós, por encabulamento ou desconhecimento das criaturas. Ide, então, até estas dores, que são em grande número, a espera do socorro da corrente desta Mãe. Levai-lhes a minha palavra na vossa palavra amorosa, levai-lhes a minha presença na vossa própria presença. Sede sempre minhas mensageiras queridas, procurando encaminhar com doçura as almas irmãs para o credo que desejarem, uma vez que, despertada a fé, cada uma será capaz de escolher seu próprio caminho para Deus.

Encontrareis, ainda, na visitação, uma grande motivação para vossas vidas. Assim, não mais espereis, o trabalho Santo vos aguarda, avante!

A bênção da Mãe do Alto,
Maria de Nazaré

Expansão da Cruzada

Minha palavra de hoje é sobre a expansão da nossa Cruzada e, portanto, em especial, para estas filhas queridas que agora iniciam suas atividades relativas à Obra que no Espaço já haviam abraçado. É esta a razão de se sentirem impulsionadas no grande desejo de servir e criar, desejo incontrolável que não conseguem mesmo explicar.

Filhas amadas, basta este vosso interesse, este vosso despertar, o amor que cresce pela humanidade, a vontade de caminhar como caminharam todos os seguidores de Jesus, o Mestre; bastará a vossa união com muito amor; que respeiteis aquelas que escolherdes para serem orientadoras dos trabalhos, pois que estas terão sido escolhidas pelo Pai. Bastará que, toda vez que vos encontrardes, haja sempre, à frente de qualquer palavra, o sorriso meigo do amor e da compreensão, aprendendo a amar-vos neste primeiro sorriso.

Colocai a boa vontade como escudo que seguirá à vossa frente, protegendo-vos. Uni-vos e amai-vos; respeitai-vos e conseguireis, com facilidade, levar adiante este nosso trabalho que será tão simples para os que tiverem o coração puro e simples. Cruzada de Mãe, despertando os corações femininos que servirão de chamamento às almas masculinas, às almas simples das crianças. Cruzada que leva conforto espiritual ao pobre de bens materiais, assim como aos ricos de bens e pobres de luz, por lhes faltar a força da oração. Cruzada de amor, bálsamo que alivia todos os corações, aos que trabalham por ela e aos que recebem dela o amparo. Cruzada abençoada, que leva para todos os lares a paz e o conforto adquirido pela fé; aos vossos lares e aos lares que visitais, pois toda vez que saís em visitação neste trabalho de doação e amor, vossos lares também se iluminam. Deixai, então, que, a cada visita, o vosso coração receba tudo que tento dar-vos, e levareis convosco cada vez mais luzes para vossos lares. Será isto milagre, proteção oferecida a algumas? Não, respondo-vos Eu, é a Lei, Lei do Pai, Lei sábia que distribui com igualdade o benefício das belas ações e os malefícios das más ações que atraem vibrações más. É ainda, por isso mesmo, que sempre vos pedimos, levai sempre a paz como companheira, levai sempre o amor a iluminar todos os caminhos e vossos caminhos também serão de luz. Levai o sorriso de compreensão, e recebereis nosso sorriso. Levai o perdão em vossas atitudes, e recebereis o nosso perdão. Levai-nos convosco, em vossos corações, buscai-nos permanentemente em vossas preces, e tereis convosco a nossa presença como uma luz a vos abraçar e acarinhar.

A bênção da Mãe do Alto,
Maria de Nazaré

Abraçando o mundo

Abri vossos braços num afetuoso abraço. Abraçai o mundo que vos cerca, com muito amor. Abraçando-o, podereis enfrentar melhor tudo o que vos seja imposto.

Abraçai vossos esposos e esposas, e começareis a compreender-vos melhor, não desejando apenas serdes compreendidos. Abraçai vossos filhos e sereis capazes de compreender o turbilhão que vive em suas mentes e, quem sabe, vós mesmos ajudastes a construir.

Abraçai vossos amigos, e tereis como resposta a vibração de seu amor. Abraçai os infelizes e vosso calor se transportará para eles em forma de uma ajuda tão concreta que os levantará de todas as quedas.

Abraçai os supostos inimigos, e as trevas do passado começarão a ser consumidas pela luz da compreensão que reinará finalmente.

Compreendei este abraço como um coração aberto, um carinho e um transbordamento de afeto tão puro que criará as imagens do futuro: "Multidões se abraçando pela compreensão e amor".

Senti que, desta forma, começareis a viver na paz, por mais conturbado que ainda se encontre o mundo que vos cerca. Vosso planeta também espera este abraço e este carinho, esta doação de amor que purificará os ambientes e tornarão suaves as modificações pelas quais terá de passar, por vossa própria causa.

Finalmente, peço-vos para abraçar com muito amor todas as casas que vos forem entregues para visitar como cruzadas, pois neste abraço estará a luz que há de iluminar os degraus da espiritualidade pura, que também aguarda para vos abraçar. Sereis então tomados de tão grande alegria, pois que se o vosso amor é doce, o Amor da Divindade é redenção.

A bênção da Mãe do Alto,
Maria de Nazaré

Cruzadas

Deixai o casulo de vossas provações e alçai o vôo maior à espiritualidade. Para isto tereis de abandonar a dúvida e o medo. Envoltos nestas vibrações que são vossos grilhões não conseguireis dar um passo sequer. E a caminhada pode ser tão bela para aqueles que se aventurarem a seguir. Deixai a mente livre, deixai o coração elevar-se e a mente sublimar-se neste vôo sagrado: a vossa caminhada espiritual. Libertai-vos de todas as dúvidas e vinde passear por mais belas moradas. Para isto não deveis olhar para baixo: a altura tonteia o viajante inexperiente. Alçar vôo implica em confiança irrestrita. Confiai e vinde. O caminho é iluminado e tranqüilo; para alçá-lo, tereis de passar pelas trevas. As que estiverem confiantes, não se aperceberão. As que tiverem a mente espiritual voltada para a meta de Luz, não sentirão medo, pois sua vontade será mais forte e seus olhos não contemplarão o triste. Passar pela escuridão sem vê-la, passar pela dor sem sofrer, passar pelas dificuldades sem cair é determinação do forte e vós sois fortes. Porque conheceis a ajuda que não vos tem faltado. Quando esta ajuda não houver chegado propriamente para vós, ela terá chegado para aqueles que caminham convosco, que são parte de vós, pois com eles compartilhais vossas dores. Quem compartilha a dor, vive em alegria, sua alegria é viver as alegrias de vossos irmãos enquanto elas não forem vossas. Enquanto isto, eles compartilham vossa dor. Quando chegar a vossa razão de alegria, todos se alegrarão convosco, porque fazeis parte de uma unidade, que somos todos nós a serviço do Pai a quem viestes servir também. Por tudo isto vos peço, abandonai vossas dúvidas e temores e alçai o grande vôo; deixai o casulo na terra porque já vos serviu de morada, mas agora desejais ser anjos. E como anjos alados, tereis muito mais oportunidade de servir, pois que tudo vereis de mais alto, com visão panorâmica. Como anjos alados, mais depressa chegareis ao coração do Senhor, que anseia por ajudar-vos. Como anjos sereis livres de praticar todo o bem e pertencereis finalmente aos campos de Luz, onde tudo é força, proteção e vida verdadeira.

Vinde filhas queridas, que vos espero todas as noites, para juntas traçarmos novos planos de trabalho, pois que há tanto a fazer,

A Mãe do Alto,
Maria de Nazaré

Equilíbrio e responsabilidade

Procurai filhos o equilíbrio e encontrareis a Paz. Adquiri responsabilidade e espalhareis o bem. Muitos dependem de vós, muitos dependem de vosso equilíbrio, de vossa responsabilidade. Não os deixeis em falta. Pensais que caminhastes uma boa parte da estrada e que tantos ainda não sabem onde é o começo da estrada da paz. Sede sempre o portador de palavras cheias de raciocínio, de ação cheia de benevolência, de pontualidade em vossos compromissos, mas sede acima de tudo equilibradas para que vos possam dar crédito e seguir-vos.

Seguir-nos, perguntariam alguns, como se o fato de inspirar alguém a segui-los fosse prova de que seriam mais perfeitos ou mais puros. Não se trata disso, mas sim de que muitos vos poderão seguir, não por vossa perfeição, mas por saberem que vossa determinação vos leva ao caminho da paz, da bem-aventurança. Vossa meta é boa, o alvo é atingir a luz. E quem não desejará seguir-vos, sabendo que vossa meta é a luz? Não sereis vós os iluminados, mas os que buscam a luz, e assim sereis dignos de inspirar aqueles que andam à procura da luz.

Quantos nunca souberam, ou melhor, ouviram dizer o que é a graça de agradecer. Agradecer suas lutas, seus sofrimentos, suas alegrias.

Sede então o exemplo da fé que determinou vossa caminhada. Esta fé que é como a bandeira a guiar-vos em meio à escuridão, porque ela vos prova, por intuição, a Sabedoria Divina, que vosso meio é justo, porque busca um final mais puro — a união com o Pai.

Sede um exemplo desta fé e, a luz que se irradiará de vós não provará que sois anjos ou arcanjos, mas que desejais encontrá-los um dia e com eles conviver, com eles trabalhar. Uma vez iniciada a caminhada da estrada, com pequeno archote na mão, esta luz não mais se apagará e servirá de estímulo ao vosso caminhar, e muito mais de estímulo ao caminhar daqueles

que se acham perdidos por medo, por dúvida.
Buscai a luz e a encontrareis.
A Mãe do Alto,
Maria de Nazaré

Maria mãe

Chamai e estarei presente ao vosso despertar. Chamai e estarei presente aos vossos afazeres. Chamai e estarei presente em vossas alegrias, mas ao chamar-me em vossas dores, dificuldades e sofrimentos, estarei presente com mais amor. Sois mulheres e, como tal, mães de coração. Sabeis que as mães não faltam a seus filhos em sofrimento. Esta Mãe que já sofreu a dor de ver um filho puro ser castigado pelo atraso de uma humanidade, sabe que sofrimento em lugar de castigo é redenção. Na hora da dor o espírito se eleva, clama justiça e sofre. Este clamor é um chamamento de todos os espíritos para um despertar maior, o despertar para a espiritualidade, para Deus.

Perguntareis: O que é espiritualidade? Será religião, seita, crença? Eu vos direi: é amor que vos liga ao Pai pelo coração e não pela religião ou crença. Através desta ligação com o Pai sereis vistos por Ele e recebereis seu amparo nas dores maiores, pois que foram estas dores que vos fizeram chamar e lembrar da existência de um Deus Pai.

Vós que ainda estais na matéria, não deveis desprezar vossas dores que são a tábua de salvação que vos eleva e vos sublima. Não sofreis por vos faltar o Pai, mas por vos faltar a vossa própria luz. Como buscá-la? Dentro de vós mesmas, pois que sois o espelho de Sua divina imagem. Deixai então crescer a chama que se transformará em luz, ligando-vos cada vez mais ao Pai Criador que vive escondido em vós. Sereis divinas quando o deixardes. Que imagem tão bela será a de um coração transbordando a luz interior do Pai em socorro de seus irmãos! Ao transformar-se a chama em luz, já tereis aprendido a amar pensando mais no próximo que em vós mesmas. Terá chegado a alegria para vossos corações, pois vossas dores se dissiparão com a alegria que derdes a um irmão, vossa sede será saciada com a ventura de matardes a sede espiritual de um irmão, com a água da fonte divina que soubestes distribuir e que será a fonte eterna da fé que, ao nascer em todos os corações, matará vossa angústia, pois que sereis mais felizes com as alegrias alheias que nas vossas próprias alegrias.

Finalmente, vosso coração só será feliz na medida que fizerdes outros corações felizes. Ao vos esquecerdes de vós, estareis nos braços do Pai para rumardes, em um vôo tranqüilo e cheio de luz, à eternidade.

A bênção da Mãe do Alto,
Maria de Nazaré

Sinceridade

A mensagem de hoje é uma homenagem a todas as filhas dirigentes da nossa Cruzada Espiritual. E, acima de tudo, um conselho de Mãe. Vosso caminho é difícil, sendo necessário, portanto, um incentivo para que vossa mente se fortaleça cada vez mais a fim de poder transmitir com segurança, lealdade e sinceridade, todas as inspirações que vos chegam por acréscimo, em auxílio às vossas lutas. Confiai em vossa mediunidade. Confiai em vosso espírito, porque estando ele ligado a nós, tudo sempre será obtido a contento, embora não possamos retirar de vosso caminho as lutas que sempre servirão de aprendizado. Caminhai com o pensamento firme no cumprimento do dever, estudando, aprimorando e tornando-vos capacitadas para encaminhar vosso pequenino rebanho. Não temais, pois sabeis o quanto amais a cada uma das ovelhinhas que são entregues pelo Pai. Como pensar, então, que tanto amando, podereis encaminhá-las para as águas impuras ou para o fundo de precipícios? Caminhai, irmãzinhas, pois vos asseguro que, a cada pequeno desvio, o condutor dos rebanhos espirituais que tudo vê e a tudo socorre, se fará presente, soando uma sineta aos vossos ouvidos, para vos reconduzir e a todas as ovelhinhas para os caminhos certos da espiritualidade e virtude. Assim, como a grande Senhora Natureza vos ensina sendo amorosa, sede também amorosas, e todos os que vibrarem na mesma faixa que vós, vos seguirão, e outros tantos ficarão observando, até que chegue também a vez de vos seguir pelo exemplo de paciência e de amor que dais. Assim como a Natureza é mãe, sede mãe também, perdoando e compreendendo, para que o vosso caminho seja pleno de realizações satisfatórias. Assim como a Natureza une todas as coisas do Universo pela vibração de amor, sede também o exemplo da união e da complacência. Mas, por favor, fortificai vosso espírito, afastando dele todas as dúvidas para que possais espargir as coisas nas quais sois vós próprias as primeiras a crer. É necessário que confieis cada vez mais em vós mesmas e em Nós, pois assim caminharemos mais e mais unidas, e desta união, surgirão luzes que se espalharão em forma de paz e alegria por toda a humanidade sofredora.

Convosco sempre estarei, dando-vos provas de que sois inspiradas em conjunto para poderdes cumprir uma missão que, para se tornar forte, terá de seguir os conselhos dados a cada uma, que no final será o mesmo conselho para uma causa única.

A bênção da Mãe do Alto,
Maria de Nazaré

A sensibilidade

Escolhestes o caminho: sigam confiantes. O caminho escolhido não é o mais fácil, é cheio de imprevistos e até de maldades. Porém se o aceitastes conscientes, sigam! Uma das dificuldades que encontrareis para seguir será a sensibilidade. Como comunicar-se com entidades elevadas, como manter o intercâmbio divino, sem aprimorar a sensibilidade? Deveis então agradecer e não lastimar. Sofreis por uma causa elevada e justa, sofreis para cumprir algo que vosso coração pediu, vosso espírito aceitou e vossa alma anseia.

Com o aprimoramento da sensibilidade, algo acontece de difícil: a aproximação do bem e da paz são captadas e distribuídas com facilidade, mas da mesma forma serão captadas, em momentos de fraqueza, as emanações do mal, que o espírito bem formado não irá distribuir, mas guardá-las consigo até que esteja em condições de orar com fervor para ser ajudado por aqueles que sabem que o caminho que escolhestes foi o mais difícil.

Uma vez que sois conscientes da árdua caminhada, deveis saber da necessidade constante de proteção que só se dará através da prece profunda e sincera. Por tudo isso vos digo que deveis vigiar muito e manter-vos em contato constante com o Pai, para que possais reabilitar o espírito desgastado pela sensibilidade. A constância nas preces traz o equilíbrio que cuida da sensibilidade, não permitindo que ela se transforme em perigo. Dentro do desequilíbrio criado pela falta da prece, começam os abalos da saúde.

Escolhestes o caminho mais difícil, porém o mais belo, aquele que só será devidamente apreciado ao final da jornada, como a subida à grande montanha: só no cimo podereis apreciar totalmente a paisagem.

Subi vossa montanha, sem esmorecimentos ou dúvidas, pois quem pratica o bem está a serviço do Pai e o encontrará seguramente em sua própria paz de espírito, tranqüilidade e felicidade absolutas. Ao final da jornada muitos serão os que convosco hão de se alegrar e receber-vos para juntos comemorarem a vitória do equilíbrio da sensibilidade que, se vos faz sofrer, é também o único caminho para as coisas puras da espiritualidade.

 A Mãe do Alto,
 Maria de Nazaré

Às minhas filhas Cruzadas

Na hora da dor, banhai vossos espíritos na luz.
Na hora da alegria, banhai vossos espíritos na graça.
Na hora do trabalho, buscai a sabedoria de querer servir.

Agindo desta forma, sereis sempre capazes de construir e ajudar, criar e servir com Luz, Graça e Sabedoria.

Uni-vos cada vez mais, filhas amadas, nesta corrente que é a nossa, no amor e na paz. Quanto mais trouxerdes a vibração amorosa para nossos trabalhos, com maior facilidade poderemos distribuir a todos a Luz do Senhor, que é amor, acima de todos os amores; Graça, acima de todas as graças, e sabedoria suprema e eterna.

Uni-vos na alegria, assim como na dor. Não falteis com a palavra amorosa para quem estiver necessitando, agindo como verdadeiras irmãs componentes da grande família espiritual.

Aprendei, em primeiro lugar, a amar os vossos irmãos na carne, depois precisais aprender a amar-vos em verdade, pois só então estareis de fato preparadas para amar os irmãozinhos que vos são entregues em visita.

Caminhai sem olhar para trás, sem queixas ou lamúrias, pensando unicamente em unir, em amar, em servir. Neste vosso intento, estarei presente todos os dias, todas as horas.

A bênção da Mãe do Alto,
Maria de Nazaré

Um marco em vossas existências

Para vós, filhas queridas, o dia 4 de abril é como um marco em vossas existências; o dia da fundação da Cruzada em vosso país. A chegada deste trabalho vos uniu novamente; como irmãzinhas que sempre fostes e continuareis a ser, durante vossas vidas de cruzadas, quer na Terra, quer no Espaço. Vosso trabalho não pode ser interrompido.

Inicia-se para vós mais um ano em vossas vidas espirituais, um novo marco neste 4 de abril que se aproxima. Meditai que o número de cruzadas se amplia por várias localidades, aumentando a corrente que vos une, a Corrente do Amor. Toda ajuda vos será dada, filhas de minha Cruzada, bastando manter-vos no intercâmbio da prece sincera e pura — elo entre os vossos e o meu coração. Desta forma sempre vos poderei ajudar e manter-vos integradas em vários elos de amor. Já não existem distâncias; estais unidas por algo muito mais forte que a própria vida — a vossa vida espiritual. Estais unidas pelo mesmo ideal, fazeis parte de uma corrente cuja ligação se amplia dia a dia, cujo amor cumpre sua mais alta finalidade; levar a todos o conhecimento do amor puro e verdadeiro, amor para o qual não existem barreiras pessoais. Passareis a sentir e vibrar sempre em direção e em intenção de um todo, um todo Universal, este todo que vos une ao Pai, que cada vez mais vos dá forças para auxiliá-Lo em Sua Obra Majestosa. Sim, a Obra do Pai é majestosa, é Obra de união, de fraternidade, de paz, de amor.

Uni-vos cada vez mais ao meu coração e não encontrareis dificuldades em cumprir vossas missões, pois a cada preocupação estarei presente através de várias mensageiras, para iluminar vossas mentes.

Aclaro-vos o entendimento, explicando que todas as vossas preocupações ficam gravadas como em fitas magnéticas, ondas vibratórias que vos circundam. Da mesma forma que as mensageiras me trazem estas impressões de vossos pensamentos, recebem de pronto uma resposta, que também fica gravada nas ondas vibratórias que são usadas por estas mensageiras no momento exato para vos esclarecer. Aí está o motivo de vossa admiração na rapidez de resolver problemas, conciliar aflições ou dúvidas, pois que tudo já havia sido cuidado previamente. Não vos preocupeis e segue tão somente vosso caminho, com o pensamento no próximo, na união, na concórdia. Pensai nas irmãs com amor e carinho, trabalhai com empenho e dedicação pela causa que é nossa e já de pronto recebereis de volta nosso amor como resposta, gravada, cravada mesmo em vosso espírito. Este amor será a força que vos sustentará em todos os momentos. Colaborai conosco e tereis sempre à vossa disposição esta nossa corrente de muito amor.

A bênção da Mãe do Alto,
Maria de Nazaré

Para todos os tempos

Isto que vou ditar agora, servirá como orientação para o futuro. Por vezes ocorre a necessidade de darmos um conselho que no momento parece ser ditado para uma determinada cruzada dirigente. Esta terá sido tão somente o instrumento para trazer à luz, algum acontecimento ou assunto que servirá de exemplo para outras futuras dirigentes.

Os alicerces de nossa obra Maior de encaminhamento espiritual da humanidade terrena, estão cada vez mais sólidos e nenhuma ocorrência poderá mais abalar suas estruturas, se continuardes com a mesma vontade e dedicação.

Ao ser construída a primeira sede da Cruzada em terreno plano, na cidade de Salvador, Bahia, surgem condições de ampliar o trabalho no sentido de ajuda material à escolha de cada dirigente dos locais onde surgiram oportunidades iguais. Sedes poderão ser construídas ou exercerem atividades em asilos, creches, ou em locais próprios, onde um grupo de senhoras possam dedicar-se a costura de enxovais para criancinhas, cestas com alimentos a serem doados a alguma instituição por ocasião do Natal etc. O que deve porém ficar bem esclarecido, é que as dirigentes e as cruzadas visitadoras, devem ser poupadas colaborando só no que lhes for possível. A irmã dirigente, poderá supervisionar, mas nunca tomar para si outros encargos que não sejam relativos aos estudos e trabalhos da Cruzada Espiritual Feminina, que tem sob sua orientação um número grande de cruzadas.

Venho ainda vos pedir, dirigentes da Cruzada Espiritual Feminina que, nenhum outro trabalho espiritual que difira dos moldes de mentalizações, seja praticado dentro de nossas sedes. Temos a preocupação de manter um nível de vibrações elevadas que tornem possível os trabalhos de limpeza do campo astral neste fim de ciclo. Se agirdes de forma diferente estareis contrariando a Lei de Afinidades.

Caminhai com calma e fazei todas as coisas que julgardes boas, lembrando que toda fruta necessita de tempo para amadurecer. Deixai vossas dúvidas amadurecerem através da meditação e da conscientização. Nem mesmo eu poderei intervir em vosso livre arbítrio, se não meditardes muito em vossas ações para manter a Cruzada dentro de seus principais objetivos. Cuidai muito de nossa casa no que se refere a vibrações e tereis de nós toda a ajuda que necessitardes.

A bênção da Mãe do Alto,
Maria de Nazaré

Vossa missão

Vossa missão, filhas, é muito importante, porque ela está voltada para um horizonte ainda bastante distante para muitos, um pouco mais perto para alguns, mas sem dúvida uma missão que será bem mais compreendida no futuro.

Sendo uma missão do futuro, deveis aprimorar-vos e meditar; crescer para bem cumpri-la no presente. Quem não vos compreender hoje, talvez vos compreenda amanhã, mas isto não deve preocupar-vos, pois aquele que constrói grandes cidades, cheias de inovações que simbolizam o progresso, não pode ficar preocupado com as incompreensões de hoje, mas pensa apenas no bem que está construindo para aqueles que saberão usufruir dos benefícios e das belezas do progresso.

O progresso a que me refiro em relação a vós, é o progresso espiritual, a compreensão maior das maravilhas que o Pai tem para ofertar a todos que queiram ser respeitados. Vós sois as mensageiras de uma Fé mais profunda e verdadeira, porque raciocinada, e que vos leva a despertá-la nos outros. Vossa palavra deverá ser cheia de força para despertar em todos a mesma Fé, para acordar aqueles que crêem mais nos outros do que em si próprios.

Nossa corrente fará muitas curas, físicas e psíquicas, de forma suave e simples, não para vos exaltar, mas para que possais provar o que Jesus dizia: "Tua fé te curou". Vossa missão é grande e bela porque humilde. Caminhai de mãos dadas filhas de todos os recantos, porque em vós confiamos, pela maneira clara como vos entregamos esta missão tão doce de amor. Despertai e confiai em vós, para que todos despertem e confiem em si. Não fraquejeis, para que todos sintam em vós o exemplo da força, esta força que só uma fé verdadeira poderá fazer crescer em vós. Sabei propagar as belezas deste progresso espiritual que é científico.

Todas podem curar, todas podem amar e crescer, pois que

todas sois espíritos que partiram da mesma fonte inesgotável de luz e para esta força todas terão de regressar um dia. Não importam os caminhos que trilharem, o tempo que levarem, todos terão de retornar à fonte com a certeza da missão cumprida.

Esperamos que vossa Fé despertada faça vossos caminhos mais curtos e menos difíceis, vosso tempo mais cheio de esperanças. Tudo que vos damos em consciência, e espiritualidade moderna e muito antiga, é por empréstimo, para que possais distribui-la. Esta é a vossa missão, o exemplo do que sois capazes na certeza do amor que o Pai tem para todos os filhos, fazendo que todos aceitem esta verdade como única. Não existem privilegiados e escolhidos pelo Pai, existem sim, aqueles que O escolhem e aqueles que O afastam de si.

Chamai o Pai para vós e despertai o Pai em todos, esta é a vossa missão.

A bênção da Mãe do Alto,
Maria de Nazaré

Vibrações de amor

Partindo do ponto "Vibrações", aprendestes que há diferença entre vibração mental e vibração por amor.
Usai da vibração dos vossos pensamentos para distribuir amor. Imprimindo amor aos vossos pensamentos, irradiareis muito distante, muito mais forte.
Vibrações puramente mentais podem ser irradiadas por qualquer ser vivente. Estes tipos de irradiações pode e é até usado para praticar o mal, fazendo uso do seu poder para influenciar pessoas ou conseguir negócios. Porém, filhos, privilegiados podem considerar-se aqueles que, aprendendo a força que existe no pensamento, saibam transformá-lo em Energia Pura, através de mentalizações. Saibam usar a magia branca. Magia sim, provinda de corações repletos de amor. Cada vibração amorosa adquire uma cor, que aumenta a vibração. Estas vibrações coloridas correm o espaço com a rapidez das asas dos anjos, que as levam às criaturas beneficiárias destas bênçãos amorosas.
Aprendei então, filhos queridos, que vibrações existem muitas, que pensamentos têm força quando mentalizados, mas que há uma grande diferença na vibração irradiada por amor. O amor assim emitido tenderá por lei de atração a voltar para quem o emitiu, da mesma forma que essa mesma lei de atração, traria de volta a vibração negativa emitida por alguém desavisado e esquecido que o mundo foi criado por uma Força Superior e Inteligência Suprema que criou esta lei de retorno para que todos pudessem sentir que não devem praticar senão o bem, pois o retorno do bem lhes seria favorável e o retorno do mal lhes seria fatal.
Meditai muito sobre o poder da vibração, usando-a somente para o que for justo e bom e sereis como asas de anjos, das quais o Pai se servirá para distribuir a Paz e o Amor.
A bênção da Mãe do Alto,
Maria de Nazareth

Ouvir no silêncio

Como podereis ouvir no silêncio a voz dos mestres, se vosso interior vive repleto de vibrações pesadas? Como ouvir o silêncio que é paz, se viveis da conturbação, da pressa ou da euforia? Como ouvir vosso Cristo Interno, se Ele, o Mestre, não pode penetrar lugares onde não é desejado? Desejar o Cristo através da dor, é recebê-lo. Desejar o Cristo através da doença, é deixar-se penetrar por Ele. Desejar o Cristo através do sofrimento, é tê-Lo presente ao vosso lado. Mas, afirmo-vos, filhas queridas, o Cristo não poderá estar em vós quando voluntariamente escolherdes o caminho da discórdia, da euforia, da pressa.

Para que correr tanto, filhas? Para que tanta conturbação, se não ireis consertar o mundo correndo atrás dele ou com ele? Para que tanta preocupação, se não podereis modificar os outros? Mas existe e bem o sabeis, uma forma de modificar os outros, uma forma de ajudá-los, uma forma muito bela de aclarar suas idéias, que é a prática das mentalizações. Estareis, então, ajudando a todos, na paz e no silêncio.

Não podeis imaginar, como coisas invisíveis a vós, se movimentam enquanto estais parados. Como toda esta mobilização, vai de encontro a portas aparentemente fechadas a toda compreensão. Como estas portas se abrem à caridade, como aqueles que dependem da caridade se vêem beneficiados por aquelas portas abertas.

Assim filhas, dai mais passividade às vossas vidas exteriores e mais atividade passiva às vossas vidas interiores. Meditai e orai muito e, quanto mais praticardes esse tipo de caridade, mais ajuda encontrareis para a caridade material que desejardes praticar.

Reparai que podeis cada vez mais ser paz e harmonia através das preces e das mentalizações. Procurai cada vez mais vibrar na harmonia e vossos mestres poderão bem melhor, com mais força, inspirar-vos, ajudar-vos, para que possais ser ajuda e proteção para muitos.

Quando assim vibrardes, vosso Cristo Interno será uma constante em vossas almas e tudo à vossa volta será tranqüilidade, silêncio e paz.

A bênção da Mãe do Alto,
Maria de Nazaré

Ansiedade

Toda vez que um ideal surge, surgem também, como na evolução do homem, duas estradas bem claras e definidas. No começo há a indecisão, a quase descrença. Aqueles que tenham sido chamados pela força maior de seus espíritos, farão de sua vontade, a vontade de muitos e o problema inicial deixa de existir pela força da vontade.

Depois de iniciada a caminhada, surge uma espécie de ansiedade, que direi, filhas, fazer parte de vossa vontade de ver o trabalho crescer. Esta ansiedade, só deve existir no sentido positivo de vos impulsionar, de manter bem acesa a luz da corrente, o empenho de servir. A ansiedade não será boa ou construtiva, quando, esquecendo a sublimidade da Obra, vos preocupardes demasiadamente com as coisas ou problemas materiais. Tudo vos será dado de acordo com vossa vontade e determinação. Tudo vos será dado em prazo certo, mas para isso é preciso que haja equilíbrio entre as duas espécies de ansiedade. Equilíbrio que vos impulsionará sem vos deixar excessivamente preocupadas.

Tudo se inicia pequeno e cresce, assim como as crianças. É preciso amparo para que vossa criança cresça. É preciso muita união, mas acima de tudo é preciso muita tranqüilidade; a ansiedade, por vezes, destrói.

Tende confiança, filhas, a Casa de Maria na Terra, quer grande ou pequena, será sempre uma fonte emissora de energias puras e dela só se aproximarão aqueles que vibrarem na pureza.

Continuai unidas com muito amor; continuai servindo como até então, com as mentes tranqüilas, afastando preocupações que conturbam vossas cabecinhas.

Filhas muito queridas, este é um dia de festa aqui no Alto e em todos os postos da Cruzada. Vossos mentores redobram dia-a-dia sua vigilância para convosco, redobrando a proteção, porque assim fazeis por merecer. Recebei, também, todo o carinho e todo amor desta Mãe que vela por vosso sono, que vela por vossas vidas.

Louvado seja este posto de trabalho e todas as filhas a ele vinculadas.

A bênção da Mãe do Alto,
Maria de Nazaré

A árvore boa dará bons frutos

Sede como a semente que, ao ser plantada, não pergunta por quê. Ela busca em seus próprios elementos o seu desenvolvimento. Procura crescer, subir à terra, aparecer e assim servir. A semente boa se transformará em bela árvore, que dará bons frutos. Com os frutos, todos se alimentarão, terminando toda fome, todo vazio. Sede como a boa semente, crescendo para servir. Usai vossa palavra como o alimento que matará a fome dos que chegam famintos de conhecimentos. Dai uma medida certa a cada palavra e meditai para quem vos dirigis. Para cada passante a palavra deverá ser uma, por vezes diferente, porém, guardando o mesmo sentido. Será como a fruta que, ao amadurecer muda de cor, até transformar-se no alimento perfeito.

Vossa palavra talvez não seja bem assimilada por todos a uma só vez, mas irá amadurecendo nos espíritos mais despreocupados até chegar o dia em que possam também sorvê-la, compreendê-la, dar-lhe valor, para que se transforme em energia pura na mente de quem se tenha servido dela como alimento.

Dai ainda mais que a palavra, dai a palavra com amor. Dai a todos a certeza daquilo que falardes, transmitindo a vibração de segurança, aquela segurança que falta no espírito de tantos filhos que passeiam por este mundo à espera de que alguma árvore mágica surja à sua frente para lhes oferecer o fruto que matará sua fome. Sede este fruto, pensando sempre que só conseguireis matar este tipo de fome se impregnardes vosso ser com muito amor. Assim, atraireis para junto de vós muitas abelhinhas que, atraídas pela doçura, se transformarão em outros tantos frutos saborosos, frutos de amor, frutos de compreensão.

Para adoçar vosso espírito e transformar vossa palavra em amor, estais sempre unidos ao coração do Pai e Ele vos pene-

trará com Sua Luz, enchendo vossa alma de força, a Sua força, de Amor, o Seu Amor.
  A bênção da Mãe do Alto;
  Maria de Nazaré

A vibração

Aqueles que ligam as fibras de seu coração às vibrações mais puras, conseguem senti-las.
Já sentis no ambiente a preparação para a tão importante data. A data da confraternização, da união, a data máxima do amor, que para todas vós passou a ser a comemoração do aniversário da Cruzada Espiritual Feminina na Terra. Este foi um verdadeiro sonho nosso, acalentado, concretizado no Alto para ser plasmado na Terra. Os mensageiros que daqui cuidaram desta criança mimosa, estão em movimentação de grande alegria, como se fossem os parentes espirituais que acompanham do Alto aquela flor criança, delicada e pura que encontra na Terra mãos maternais que a cuidam com desvelo e carinho.
Nosso agradecimento a vós, filha querida, e a todas vós, por vosso empenho em bem servir. A nossa mensagem de amor a todas as dirigentes e a todas as cruzadas que chegaram pequeninas e crescem com a obra. Crescem porque acompanham seus ensinamentos, crescem porque se empenham em aprimorar-se. O aprimoramento de uma cruzada se dá durante as reuniões em todos os estados ou onde quer que se reúnam, na vossa união, na vossa doação. Continuai, filhas, continuai.
Cruzadas, estejais sempre tranquilas, para que possamos trabalhar em vós. Em relação à direção digo-vos: sempre haverá um comando geral de onde partirá a luz da orientação maior, recebimento de comunicações com deliberações estudadas por nós. Neste ponto central, haverá uma cruzada sendo preparada com antecedência para substituir na falta daquela que estiver no comando. Dada a delicadeza de nossos trabalhos, haverá necessidade de que a substituta, em caso de desencarne, seja alguém bem preparada pelo equilíbrio e, todas vós, quando chegar o momento, sereis as primeiras a notar a continuidade da obra através da canalização de forças que se fará aparente

e mostrada, mesmo antes da partida daquela que estiver na direção. O mesmo se dará em cada estado, em cada lugar onde se reunir uma sede, um posto de nossa Cruzada. Será tão evidente a substituta, que não tereis a menor dúvida. Assim, não vos preocupeis com idade, servi, pois que para a direção preparamos com antecedência toda substituição, em cada época, em cada lugar.

Preparai-vos como bons receptores, para que possamos fazer uso de vós e manter uma direção firme, com um comando em cada posto, em cada sede, e o comando central, que será sempre suave e seguro, meigo mas firme.

O nosso agradecimento a todos os participantes de nossas reuniões de trabalho, que já fazem parte de nossa corrente espiritual. Abençoados sede todos vós a quem damos neste momento o amor em forma de vibração.

A bênção da Mãe do Alto,
Maria de Nazaré

O poder da oração

Filhos queridos, se pudésseis imaginar o poder de uma mente em oração, deixaríeis de lamentar-vos tanto. Muitas de vossas preocupações seriam consumidas pela Luz, muitas de vossas aflições deixariam de existir.

O ser que ora entra em vibração de paz, passa a atrair todas as vibrações puras e elevadas do mundo que o cerca.

Quando o ser se esquece de orar, por cansaço ou falta de convicção, tudo à sua volta começa a desmoronar-se, a ficar difícil. Aqueles que o cercam, sentem as vibrações pesadas de suas emanações e, se forem pessoas sem fé ou crença, também emitirão suas vibrações pesadas. Isto criará um acúmulo de ondas vibratórias muito desagradáveis e perigosas, uma força destruidora, dentro dos lares, ambientes de trabalho, nas ruas.

Grande é vossa responsabilidade, pois sabeis o valor da oração e não podeis vos afastar dela.

Quando uma criança cai ao chão, geralmente o prejuízo é bem menor do que o causado na queda de um adulto. Assim, a queda de um chamado cristão, será bem mais perigosa do que a queda de um ateu, que é como criança inexperiente.

Vossa missão será em todos os lugares um exemplo de fé, de coragem, que só é adquirida através da prece. Vossa missão não pode ser esquecida por um momento sequer, já que muitos dependerão de vossa força. A vós serão cobradas todas as negligências, se faltardes com o compromisso sério de sustentáculo de vossos lares, instituições, vossa família universal.

Muitos esperam, precisam de vossa paz interior e não são só os que podeis tocar, conviver, mas aqueles do mundo espiritual que vos cerca. Este mundo espiritual está ávido de orações, bons exemplos, e vós sabeis orar.

Orai muito, orai recebendo energias, orai recebendo o fortalecimento de vossos espíritos. Este fortalecimento será a salvação para muitas almas irmãs, na Terra e no Espaço.

A bênção da Mãe do Alto,
Maria de Nazaré

Conselhos

A mensagem de hoje é antes de tudo um conselho desta Mãe para suas filhas cruzadas.

Em primeiro lugar, peço-vos para chegardes ao templo sempre preparadas a serem convidadas para sentarem-se à mesa de trabalhos. Para tal, e em vosso próprio benefício, procurai usar roupas de cores claras e suaves. As cores vermelho e preto, não permitem a penetração das vibrações de cura. Isto tudo já vos foi ensinado.

Em segundo lugar, peço-vos que só vos afasteis mentalmente do ambiente, na hora da psicografia, caso não a exerciteis. Neste momento, podereis fazer exercícios de transporte e desenvolvimento de vidência, se assim o desejardes. Nos momentos restantes, durante a reunião, devereis estar bem presentes, já que as reuniões são de estudos, muito necessários ao vosso desenvolvimento e a um bom trabalho dentro da Cruzada.

Em terceiro lugar, o interesse em servir através da visitação deve ser vosso maior ideal na Cruzada. Que minhas filhas tenham como meta séria e principal, fazerem ao menos uma visita por semana. O interesse em colaborar também nos trabalhos do templo, prepará-lo com orações antes da reunião, para que ele se encha de vibrações de força e de cura para os presentes. Preparar bem nossa Casa, significa preparar tudo com amor e não por obrigação somente. Que cada cruzada ao chegar lembre-se de fazer uma prece no templo e assim luzes serão atraídas cada vez mais para o ambiente.

A bênção da Mãe do Alto,
Maria de Nazaré

Estudo

Sim, queridos filhos, venho hoje afirmar algo que todos sabeis, mas pouco praticais. A psicografia é uma bela prova de mediunidade que pode servir de conforto para todos os que na Terra se vêem afastados de seus entes queridos que partiram para a pátria espiritual. Estes por vezes desejam comunicar-se, mas vos encontram completamente fechados ao recebimento de suas mensagens. Ocorre que muitos pensam que somente espíritos elevados, santos ou apóstolos, como costumais dizer, podem comunicar-se nesta casa.

Abri vossos corações aos irmãos que partiram, de mente tranqüila, pedindo a permissão da corrente da mesa, para receber os recadinhos que eles têm para vos dar e que servirão de elemento de estudos e de muito esclarecimento na vossa caminhada espiritual.

Belo é servir, queridos filhos, e esta é uma forma de servir aos que partiram e de confortar os que aí ficaram. Belo é possuir uma faculdade tão delicada e que pode ser exercida sem a menor preocupação, com o devido respeito, por todas as pessoas equilibradas. Servi filhos e esta casa se beneficiará com os elementos de estudo que recebereis através da psicografia.

A bênção da Mãe do Alto,
Maria de Nazaré

A entrega

Quando tiverdes uma dúvida, algo a realizar, preocupai-vos com estas realizações, procurai organizar tudo, procurai fazer que tudo tenha uma prévia elaboração. Enquanto a responsabilidade for vossa, preocupai-vos com ela.

Filhos queridos, lembrai-vos porém que quando houverdes cumprido a vossa parte, existe algo muito acima de vossas realizações; um Ser infinitamente bom que vos criou e vos deu condições de raciocinar sobre vossos problemas e responsabilidades para bem cumpri-las. Lembrai que esta Força Divina poderá despertar-vos para uma certeza em relação a todas as vossas dúvidas. Lembrando deste Poder Infinito, entregando a Ele todas as vossas atribulações e, uma vez entregando, confiai! Quem entrega desconfiado, não entrega com Fé. Lembrai que a Fé é a energia que mobiliza todos os recursos internos para vossa cura e realizações. Observai como tudo se acalma, quando passais a confiar na entrega. Aí é só esperar pacientemente, ajudando com a calma as vossas mentalizações. Ajudando com as luzes que decorrerão das vossas preces.

Entregai tudo, filhos amados, a quem muito mais sabe do que vós. Entregai e confiai. De nada servirá entregar um pedido e ficar na esquina de vossos pensamentos, olhando escondidos e desconfiados para ver se alguém recebeu vosso pedido. Já sabeis que nossos mensageiros são vossos leais amigos e eles recebem todas as entregas, todos os pedidos e vossas aflições. Só vos falta aprender a relaxar, aí sim os mensageiros terão menos trabalho, porque o vosso próprio Eu Maior captará as respostas à toda expectativa de forma mais direta.

Assim, filhos, entregar quer dizer confiar; confiar quer dizer ter fé e ter fé é realizar.

A bênção da Mãe do Alto,
Maria de Nazaré

Oração de Maria

Ó Pai Misericordioso, Eu, vossa filha e vossa serva, hoje como ontem e sempre, ajoelho-me a vossos pés e peço por esta humanidade sofredora. Ajudai-a, Senhor, a vencer todas as batalhas. Daí-lhes a força da Fé, como verdadeira proteção para seus males. Ó Pai, meus olhos se enchem de lágrimas e de sofrimentos, minha alma transborda ao ver tanta dor.
Afastai, Pai, a miséria e trazei a bonança. Retirai a dor e trazei a alegria. Enxugai as lágrimas e trazei o sorriso. Levai a amargura e trazei a Paz. Em reconhecimento por tudo que vos peço, Pai, Eu vos ofereço meus trabalhos e meu amor por vossos filhos sofredores, para que sejam reduzidas suas penas, diminuídas suas dores.
Maria, vossa filha, agradece a Paz que nos dás neste momento como promessa de dias melhores. Graças meu Pai!
Filhas queridas, tanto e tanto vos dá o Criador em forma de Luz. Lamento que nem todos possam sentir. Agradecei ao Pai junto comigo, prometendo mais compreensão e mais paciência, mais perdão e mais amor. Arrepender-se de pecar é o primeiro passo para a redenção. Ter intenção de trabalhar e melhorar é a primeira porta que se abre ao auxílio do Altíssimo.
Começai a sorrir, filhas queridas, para desanuviar o ambiente terreno. Sorride sempre e fazei sorrir alguém, uma criança ou um velho. Sorrindo, fazeis sorrir, amando, sois amados, perdoando, sois perdoados. Tudo se cultiva e tudo se consegue com perseverança e Fé. Confiai e perseverai e vinde trabalhar comigo. Quanto mais trabalhardes mais alegrias tereis. Se não puderdes sair para trabalhar e orar em locais especiais, orai e trabalhai em vossa própria casa, pois isto não será razão para ficardes em falta com Aquele que tanto vos ama. Mas se disputerdes de um momentinho que seja, vinde andar comigo pelas calçadas, distribuindo o amor do Alto, por todas as casas visitadas. Todo trabalho que é feito em meu nome, leva-me junto

com ele.

Confiança, filhas queridas, que dias melhores virão, dependendo de vossa boa vontade para iniciar a derrubada dos antigos empecilhos para iniciar a caminhada de luz.

A bênção da Mãe do Alto,
Maria de Nazaré

Terceira parte
Instruções

1. Introdução

Neste ano de 1991, quando é chegada a hora da publicação da 2.ª edição de *Gotas de Amor*, percebemos que algumas alterações se faziam necessárias. Não quanto ao texto das mensagens, já que isso representaria uma interferência na comunicação entre o Alto e a Terra. A mudança se refere apenas à parte das Instruções. Nos 5.000 exemplares da 1.ª edição, encontrávamos orientações específicas aos trabalhos da Cruzada Espiritual Feminina. Hoje concluímos que estas orientações só interessam aos participantes do nosso movimento e podem ser oferecidas por outros meios. Como este livro vem se tornando cada vez mais de interesse geral, pensamos em aproveitar este espaço para difundir ensinamentos que possam auxiliar a integrantes ou não dos nossos grupos.

Os ensinamentos que aqui apresentamos foram extraídos de cursos feitos durante oito anos de estudos iniciados em 1977, no Instituto Brasileiro de Parapsicologia do prof. Augusto Gomes de Mattos. Lá fomos iniciados em relações humanas, parapsicologia, magia e metafísica.

Após enveredarmos por caminhos tão fascinantes, compreendemos que a estrada é longa e que estávamos apenas começando. Para nossa alegria, em 1989, encontramos, nestes caminhos traçados pelo Alto, a prof.ª Maria Elizabeth Telles Menezes, bacharel em química, que vem ministrando, em nossa sede, curso de metafísica, contendo a mesma visão humanitária dos anteriores: transmitir conhecimentos que possam facilitar a vida de todos que por eles se interessem.

Neste final de século e de ciclo, a humanidade vem se deparando com infindáveis conflitos atraídos por sintonia com nossas enfraquecidas vibrações. Alimentamos pensamentos nocivos que são quase sempre causadores dos nossos males.

Por essa razão, dentro das reuniões e trabalhos da Cruzada Espiritual Feminina, fazemos uso de preces, relaxamentos, mentalizações, afirmações e atitudes de várias filosofias, que nos acalmam, equilibram e colocam em sintonia com a Divindade.

Mas para que possamos tornar positivo aquilo que fazemos, é necessário e fundamental termos fé.

Fé é a firme confiança naquilo que se espera e a firme confiança naquilo que não se vê (Paulo Apóstolo).

E qual seria a necessidade de relaxar e fazer exercícios mentais? Respondemos que é com a finalidade de baixar, acalmar os níveis cerebrais para harmonizar-se.

Aqueles que lerem as mensagens reunidas em *Gotas de Amor* com real interesse, perceberão que seus conteúdos já nos alertavam a esse respeito, antes mesmo que a ciência tivesse sido motivo do nosso interesse ou colocada ao nosso alcance.

— Relaxamento depende de respiração profunda. O que alimenta o cérebro é o fluxo sanguíneo animado pelo oxigênio. Respiração e conscientização são os dois pontos de partida para que a energia possa fluir pelo corpo.

— A posição deve ser cômoda (não importa em que postura, sentado, deitado ou em posição de ioga).

— Tomar uma inspiração profunda (usando o abdômen), prendê-la e depois soltá-la em três tempos.

— Fechar os olhos e voltá-los para cima por instantes (o cansaço ocular favorece a entrada em transe, ou relaxamento consciente).

— Fazer contagem regressiva para aprofundar o relaxamento, sempre afirmando que ao terminar o relaxamento, estará mais forte, mais saudável e mais feliz. Aproveitar o transe para fazer afirmações positivas.

— Para relaxar ou meditar, é preciso visualizar. Visualizando vemos com a mente. Visualizando temos poder sobre o corpo e a mente. As imagens são a linguagem da mente. Visualizando podemos plasmar, modelar, imprimir. Para tanto é preciso ter imaginação, soltar a criança que habita em nós, usar toda a nossa criatividade e acreditar em nossa fantasia. Você se torna o arquiteto de sua imagem interior e exterior.

— Através de relaxamentos, podemos obter curas para nós mesmos, para nossos irmãos, e para o planeta Terra.

— Afastando a turbulência de nossa mente, entramos em

sintonia com a mente Divina, que é saúde e perfeição.

— Todos os registros mentais têm ressonância no corpo físico; assim, aquilo que enviarmos de bom, retornará e nos fará bem. Se enviar-mos pensamentos de maldades, eles retornarão para nós, causando doenças e malefícios. Isso porque, enviamos as imagens dos nossos pensamentos e guardamos o molde em nossa mente.

— Podemos relaxar com auxílio e comandos externos, assim como, usando da nossa própria vontade e imaginação.

— Antes de doar uma energia mental, devemos dizer: "Eu estou em sintonia com a Luz Divina". Nenhuma imperfeição, quer física, moral ou espiritual, será transmitida neste momento, porque eu me torno veículo da Luz. (Você ordena e o seu subconsciente obedece.)

— O pensamento cria, o desejo atrai e a fé realiza. Pensamento é a realidade mental que se transforma em realidade física.

"Todas as coisas estão prontas quanto a mente está."

Shakespeare

"Você é aquilo que pensa."

Ramakrishna

"Você é aquilo que pensa o dia inteiro."

Emerson

"O pensamento faz a forma."

Anderson

"Pedi e recebereis, buscai e achareis, batei e abrir-se-vos-á."

Jesus

2. Modelos de relaxamentos

2.1 Prática da Estrela

Posição: deitado, braços e pernas um pouco afastados do corpo: Colocar a mão direita sobre o Plexo Solar (região umbilical), respirar sete vezes usando o abdômen (encher bem e esvaziar), retirar a mão. Fechar os olhos e voltá-los para cima por algum tempo. Imaginar que existe um canal que sai do Plexo Solar, desce pela coxa direita, batata da perna (panturrilha, barriga da perna) e pé direito. Por esse canal vão saindo todas as emoções e imagine que está saindo pelo pé uma fumaça escura. Deixe que ela saia. Veja-a saindo, está sendo feita a limpeza dessa região do Plexo Solar. Depois transforme mentalmente essa fumaça em cristais de luz branca, muito brilhante (repetir com a perna esquerda). Mentalize outro canal partindo do Plexo Solar e subindo em direção ao ombro direito, descendo pelo braço direito, antebraço e mão direita. Visualize a fumaça escura saindo pela mão direita. Deixe sair, são ainda tensões e emoções negativas guardadas na parte superior do Plexo Solar. Em seguida transforme a imagem da fumaça escura em cristais brancos e brilhantes que saem pela mão direita (repetir com o braço esquerdo). Depois mentalize, visualize um outro canal partindo do Plexo Solar, subindo na direção do chacra cardíaco, passa pelo chacra laríngeo, pelo frontal e sai pela coroa da cabeça. Por esse canal são retirados os sentimentos negativos, as angústias, tristezas, depressões trazidas pelos pensamentos negativos. Deixe que a fumaça escura saia. Visualize mentalmente essa limpeza emocional e psíquica do seu ser. Terminando, veja que cristais brancos e brilhantes estão saindo dos seus pés, das suas mãos e da coroa da sua cabeça. Eles iluminam e penetram a sua aura, brilham à sua volta. Aproveite esses momentos para irradiar pensamentos de amor e fazer afirmações positivas de saúde e paz. Conte de três a um, afirmando que ao terminar a contagem, estará plenamente consciente, feliz e saudável.

2.2 Relaxamento da Nuvem Branca

Por alguns minutos, tome consciência da sua respiração. Inspire e expire por três vezes, usando o abdômen. Afirme que está inspirando a Luz divina e expirando as negatividades. Toda vez que sentir angústia ou aflição, faça essa respiração e terá como resposta um sentimento de paz. Condicione o subconsciente, dizendo para si mesmo que ao terminar o relaxamento, contará de 3 a 1 e abrirá os olhos feliz e saudável. Tome consciência do seu corpo. Pense no quanto ele é importante para a sua evolução. Visualize seus pés e os envolva em uma nuvem branca. Ela representa paz e equilíbrio, envolvendo os seus pés, ela beneficia as articulações, os nervos, os ossos, os músculos. A nuvem branca é paz e vai subindo, envolvendo e penetrando a batata das pernas (panturrilhas), toda essa musculatura, soltando as rótulas, e os joelhos ficam descontraídos e saudáveis. A nuvem branca segue sua trajetória alcançando as coxas, descontraindo a musculatura. As pernas ficam gostosamente pesadas e descontraídas. A nuvem branca envolve todo o tronco. A parte das costas, a coluna vertebral, fica solta e relaxada e o sistema nervoso é favorecido. Na parte da frente do corpo, o abdômen com todos os órgãos e glândulas entram em equilíbrio. O coração se acalma, os pulmões se purificam, os ombros se soltam e relaxam. A nuca se descontrai por completo, favorecendo uma perfeita irrigação de sangue para o cérebro. A nuvem branca alcança todo o rosto, descontraindo toda a sua musculatura, descontraindo os maxilares, os dentes descerrados, a testa relaxada, o nervo ótico, o aparelho auditivo. A circulação sanguínea beneficia os cabelos que ficam viçosos e saudáveis. A nuvem branca envolve toda a cabeça. A respiração é tranqüila, assim como se acalmam os pensamentos que se entregam, relaxam. Conte de 3 a 1 afirmando que abrirá os olhos muito feliz e saudável.

2.3 Relaxamento para cortar pensamentos intrusos

Comandar o relaxamento do corpo por alguns minutos. Manter os olhos fechados e voltados para a frente. Visualizar nuvens brancas, vindo da esquerda para a direita (os olhos não acompanham). Depois imaginar que uma bola cheia de pensamentos intrusos se aproxima de você. Bate no círculo de proteção que existe à sua volta e não consegue penetrar (você está alertando o seu subconsciente contra a aceitação de pensamentos intrusos). Afirme em seguida que as nuvens brancas estão passando e apagando as lembranças negativas do passado. Formule pensamentos positivos de esperança, de amor e estará construindo no presente um futuro de paz e amor.

Pensamento é vibração, vibração é manifestação do princípio da vida e da inteligência. Um objeto físico, por mais desprovido de vida que seja, contém uma energia vibratória constituída por partículas distintas que se unem pela Lei da Atração, formando um feitio material que o distingue dos demais. O homem é o mais poderoso centro de manifestação da energia divina, tendo reunido em si, todas as lições e experiências vibratórias dos diversos reinos da natureza.

2.4 Relaxamento para superar os desejos

Sempre que algum desejo condenável pelo consciente, surgir, devemos respirar lenta e profundamente e, ao mesmo tempo, repetir o seguinte: "**incorporo ao meu ser, a força eletromagnética deste desejo, para que com ela eu possa fazer tudo o que bem entender, tanto em meu benefício como no dos meus semelhantes**" (fica claro que a **vontade** do consciente deve comandar o **desejo** do subconsciente).

— Conceitos conhecidos

"Se você não consegue combater um inimigo, torne-se aliado dele" (nas lutas orientais, você transforma a força do inimigo em sua força).

Comentário: Quando você se deixa subjugar pelos desejos, é como se mantivesse um inimigo propositadamente escondido.

Quando ele se mostra (o desejo), você se submete porque lhe agrada e assim ele vai vencendo. Una-se a ele, use a sua força em seu benefício e você será o vencedor. Quando o inimigo se apresentar, sair do esconderijo, dos disfarces, das mascarações e de tudo o mais que você usa para escondê-lo, use a força dele para combatê-lo, fazendo a mentalização unida à respiração. Em seguida veja-se mentalmente superando a força do desejo, com a vontade do poder superior que habita todos os seres.

3. Meditação

Quando meditamos, dirigimos o pensamento para o assunto focado, usando a energia necessária a esse conjunto de informações. O resto do cérebro fica em repouso, enviando energia para favorecer o assunto sobre o qual meditamos. Quando pensamos em várias coisas ao mesmo tempo, desgastamos energias do cérebro e podemos chegar ao estresse. Quanto maior for o número de informações existentes no cérebro sobre o assunto a meditar, mais capacidade teremos de manejar dados para a sua elucidação. O aumento de vibrações no circuito mental faz com que, pela Lei de Afinidades, entremos em sintonia com informações existentes no Cosmos.

3.1 Meditação ativa

Após relaxar, pensemos e analisemos tudo sobre o assunto desejado. Em seguida, instantaneamente; paralisemos os pensamentos, imaginando que a coroa da cabeça é uma flor aberta para o Alto à espera de uma orientação. Aparentemente, poderemos não senti-la nesse momento, mas seguramente a sentiremos mais tarde, em outra hora ou dia, quando teremos uma intuição de como agir a respeito daquilo que meditamos. Se a meditação for feita na hora de dormir, a orientação poderá vir através de um sonho.

4. Mentalização

4.1 O círculo magnético de proteção

Nossa aura emana à nossa volta, partículas eletromagnéticas impregnadas das vibrações de nossos pensamentos, sentimentos e emoções. Podemos comandar essas vibrações com o poder da nossa mente e usá-las em nosso benefício e proteção.

4.2 Exercício

Fechemos à nossa volta, um círculo magnético de proteção: Imagine-o como uma luz que envolve todo o corpo, deixando a descoberto os pés, que ficam em contato com a mãe natureza, recebendo o prana vital, e a coroa da cabeça (chacra coronário), que fica em ligação com o Pai, a Fonte. Envolvemos os outros chacras, porque estes estão sujeitos a influências externas. Dizemos mentalmente: "Fecha-se em torno de mim o círculo magnético de proteção e, dentro dele, nenhuma influência negativa pode penetrar. Estou em comunhão com as forças superiores do bem. Tenho equilíbrio físico, emocional, mental e espiritual.

Para as pessoas amigas, evoque os poderes de sua aura, através do seu anjo da guarda, seu mestre, e feche mentalmente à volta delas o círculo magnético de proteção. Deseje para elas, saúde física, emocional, mental e espiritual.

Envolva o seu lar, as pessoas que lá residem ou o lar de quem desejar, no círculo de proteção e os entregue ao Mestre Jesus.

4.3 Para criar imunidades contra acidentes

Dizer ao sair de casa: "O amor divino vai à minha frente, o círculo magnético de proteção me envolve, ao meu carro e a todos que estiverem comigo ou cruzarem meu caminho". (Dentro de pouco tempo esta verdade impregnará o seu subconsciente.)

Faça ainda um trabalho de proteção mental, com palavras suas. Use a imaginação e trabalhe com as imagens do seu pensamento para cada situação em que você sinta que vai precisar de uma proteção. Ex.: Para uma entrevista relacionada a um emprego, para uma prova que tenha que fazer, para uma consulta médica (envolva o médico na luz divina, para que ele seja inspirado).

O manejo das energias mentais usadas da forma como ensinamos, ou seja, somente para o bem, beneficiam até as pessoas que não tenham fé. Quer acreditem ou não, a energia mental existe e é uma partícula do Criador dentro das criaturas, e ela funciona.

5. Afirmações

5.1 Afirmações para usar durante relaxamentos

A perfeição de Deus expressa-se agora por meu intermédio. A idéia de saúde perfeita está agora tomando conta do meu subconsciente. A imagem que Deus possui de mim é uma imagem perfeita e meu subconsciente recria meu corpo, em inteira concordância com a imagem perfeita que há na mente de Deus. Meu corpo e todos os meus órgãos foram criados pela inteligência infinita que há em meu subconsciente... E Ele sabe como curar-me. Sua sabedoria moldou todos os meus órgãos, tecidos, músculos e ossos. Essa infinita presença curadora dentro de mim está transformando cada átomo do meu ser, tornando-me completo e perfeito. Graças, Pai, pela cura que sei está se realizando agora. São maravilhosas as obras de inteligência curadora que há dentro de mim e de todas as criaturas. (MURPHY, J. *O Poder do Subconsciente.*)

5.2 Minha mente é luz

De minha mente iluminada eu projeto harmonia, sabedoria e forças divinas. Tu que te afinas no mesmo diapasão, ligas-te a mim pela mente e coração. Formaremos eu e tu e tantos outros, um todo harmonioso em força e sabedoria. Assim poderemos ajudar aos que necessitam de nós.

5.3

Meu organismo não pode alimentar toda planta que Deus não plantou, portanto, só sustento a vida e a saúde do meu corpo. Toda planta que meu Pai Celeste não plantou em mim, todo crescimento que não é dirigido pelo meu Cristo Interno, serão arrancados até as raízes. Todas as células do meu organismo só trabalham para a minha vida e perfeita saúde. O amor do Cristo Interno dissolve em mim todos os obstáculos à minha perfeita saúde. Amo a todos com o amor de Cristo e em todos os momentos manifesto este amor em minhas palavras e atos.

5.4 Evocação a Deus

"Força universal e cósmica, Energia misteriosa, Fonte fecunda de onde tudo emana, vem a mim. Penetra-me, traspassa-me, desperta em meu Eu toda essa energia, que tanto faz parte de Ti, como de mim. Vem! Vem! Vem!"

Se você não está satisfeito com o mundo em que vive ou com as coisas que nele ocorrem, não prenda a sua mente a essas situações. Crie mentalmente a imagem da grande tela do Universo e nela escreva vibrando letra por letra, as palavras: **Paz** - **Equilíbrio** - **Saúde** e **Amor**. Você estará ajudando a criar um mundo melhor.

Endereços para contato

Informações sobre a **Cruzada Espiritual Feminina**, serão fornecidas na sede mater, situada na cidade do Rio de janeiro, na Rua Washington Luís, 9, 6° andar, Cep 20230-020, onde realizamos reuniões, todas as quintas-feiras, das 14:30h. às 16:30h., e aos sábados as reuniões "Encontro com o Senhor", das 10:00h. às 11:30h. Essas reuniões são mistas e abertas a pessoas de qualquer credo ou religião. Paralelamente, informamos haver postos e sedes nos seguintes locais no Brasil e no exterior:

• Sede Mater - Rio de Janeiro - RJ
Rua Washington Luís, 9, 6° andar, Cep 20230-020 - Mitzi Ponce de León - Tel: 21 2552-2157
• Salvador - BA
Rua Borborema, 7, Imperatriz, Cep 40415-260 - Edite Bautista - Tel: 71 3207-1268
• Brasilia - DF
SEPN 509, Bloco D, edifício ISIS, sala 405, Cep 70748-900 - Corina dos Santos Pizza - Tel: 3273-9683
• Porto Alegre - RS
Rua José Gomes, 385, tristeza, Cep 91910-280 - Maria Lorks Xavier - Tel.: 51 3249-6856.
• Estrela - RS
Rua Pinheiro Machado, 1212, - Míriam Terezinha Molinaro Reis - Tel: 51 3712-1135.
• São Paulo - SP
Rua Lagoa Formosa, 514, Vila Guilhermina, Cep 03543-090 - Darcy Telles Palermo - Tel: 11 6685-2094
• Lisboa - Portugal
Av. Dom Rodrigo da Cunha, 22 - R/C-dlB Cep 1700-141 - Guilhermina C. Palma - Tel.: 351 21 848-4876.

Quarta parte

Jaculatória de Nossa Senhora

Cruzada Espiritual Feminina - Esta é uma mensagem que do Céu lhes trago de Utilidade Pública
Mãe de Jesus Cristo, cheia de luz, de amor e solicitude; Senhora do Céu, amparai o mundo; socorrei com vossas forças e doce amor, aos necessitados e desvalidos; dai aos povos da Terra a orientação perfeita do caminho do Bem e da Luz; cuidai dos portadores de câncer; fazei que esse mal seja da Terra dizimado e expurgado de sua atmosfera; protegei a Terra Brasileira, berço do Cristo vindouro; abençoai a humanidade e dai aos cristãos e não cristãos, aos bons e aos maus a Paz, a harmonia, a suprema dádiva do vosso grande amor.
Mãe Amantíssima... (faça um pedido e reze 3 Ave-Marias).

"Irmãos, difundi esta Jaculatória, pois a excelsa Mãe de Jesus, nesta sincronização de súplicas, encontrará ambiente espiritual propício para com Seu Filho, o nosso Divino Mestre, interceder junto a Deus, para sustar as guerras, as vicissitudes, as malquerenças e os males do mundo.

Irmãos, creiam, o Céu laborioso está cheio de apreensões pelo destino dos povos, bem como de cada irmão que aqui vive, e alhures, que sente tristeza, vazio e saudade, perturbação e incompreensão, levando muitos à falta de fé e confiança na espiritualidade, julgando-se apenas matéria e nada mais. Quanta angústia, quanta tristeza!
José de Arimatéia

Mensagem recebida em 1/2/68, na Casa do Irmão Thomé, pela médium Prof.ª Therezinha. "Esta Jaculatória deve ser feita todos os dias às 18 horas e especialmente pelos familiares das casas visitadas pelas cruzadas de Nossa Senhora, a Excelsa Mãe de Jesus".

(De acordo com as instruções da Irmã Marta, "mentora de Maria Santíssima", quando a jaculatória for rezada em país estrangeiro, será retirada a frase "Terra brasileira, berço do Cristo vindouro", substituindo-a por "Protegei a nossa Terra; abençoai a humanidade etc.").

* Esta prece deve ser deixada em cada lar visitado.

A Paz no Lar - Oração prodigiosa
Diamantino Coelho Fernandes.

Jesus, Bendito e Amado Mestre! Consolo dos aflitos, Refúgio dos desamparados, Fonte inesgotável do Bem!

Eu vos agradeço de todo coração, a proteção, auxílio e graças recebidas no dia de hoje, e peço-vos a continuação para o dia de amanhã, para mim, para toda a minha família, parentes, amigos, conhecidos e para todos os meus inimigos. Peço-vos perdão pelas faltas cometidas, e a luz do vosso esclarecimento, para que eu possa bem orientar-me em todos os meus atos e jamais tornar a ofender-Vos.

Peço-Vos força, poderes e luzes para o meu amado anjo de guarda, para que ele possa sempre proteger-me, guiar-me, auxiliar-me nas dificuldades da vida, a fim de que eu possa vencê-las todas e ser útil aos meus semelhantes. Jesus, Bendito e Amado Mestre! Permiti que assim seja!

Afirmação esotérica

Dentro do **círculo infinito da divina presença** que nos envolve inteiramente, afirmo:

Há só uma presença aqui, é a da harmonia, que faz vibrar todos os corações de felicidade e de alegria. Quem quer que aqui entre, sentirá as vibrações da divina harmonia.

Há só uma presença aqui, é a do amor. Deus é **amor** que envolve todos os seres num só sentimento de unidade. Este recinto está cheio da presença do **amor**. No **amor** vivemos, nos movemos e existimos. Quem quer que aqui entre, sentirá a presença pura e santa do **amor**.

Há só uma presença aqui, é a presença de Deus, o **bem**. Deus é o bem e reside aqui. Quem quer que aqui entre, sentirá a presença divina do **bem**.

Há só uma presença aqui, é a presença de Deus, a **vida**.

Deus é a **vida** essencial de todos os seres, é a saúde do corpo e da mente. Quem quer que aqui entre, sentirá a divina presença da vida e da saúde.

Pelo símbolo das **forças do bem**, estamos em vibração harmoniosa com as correntes universais da sabedoria, do poder e da alegria. A presença da **divina sabedoria** manifesta-se aqui.

A presença da alegria divina é profundamente sentida por todos os que aqui penetrarem, na mais perfeita comunhão entre nosso eu inferior e nosso Eu superior, que é Deus em nós, consagramos este recinto a mais perfeita expressão de todas as qualidades divinas que há em nós e em todos os seres.

As vibrações de nossos pensamentos são forças de Deus em nós que aqui ficam armazenadas e daqui se irradiam para todos os seres, constituindo este lugar um centro de emissão e recepção de tudo quanto é bom, alegre e próspero.

Agradeço-Te, ó Deus, porque este recinto está cheio da Tua presença.

Agradeço-Te porque vivo e me movo em Ti.

Agradeço-Te porque vivo em Tua vida, verdade, saúde, prosperidade, paz, sabedoria, alegria, **amor**.

Agradeço-Te porque todos que entrarem aqui sentirão Tua presença.

Agradeço-Te porque estou em **harmonia, amor, verdade, justiça** com todos os seres.

Oração de São Francisco de Assis

Senhor, fazei de mim um instrumento da vossa paz.
Onde haja ódio, consenti que eu semeie amor.
Perdão, onde haja injúria; **fé**, onde haja dúvida; **esperança**, onde haja desespero; **luz**, onde haja escuridão; **alegria**, onde haja tristeza. Ó, Divino Mestre! Consenti que eu não procure tanto ser consolado, quanto consolar; ser compreendido, quanto compreender; ser amado, quanto amar. Porque é dando que recebemos. Perdoando que somos perdoados. E é morrendo que nascemos para a Vida Eterna.

São Francisco de Assis foi um exemplo vivo de fé e serviço voltado para a caridade. Poderia ter vivido toda uma existência de abastança e tranqüilidade, já que era filho de um negociante italiano bem-sucedido, mas preferiu entregar-se à assistência aos doentes e necessitados, ainda muito jovem, numa época em que os povos da península itálica viviam em constantes conflitos. Prisioneiro de guerra, e gravemente enfermo, o que o abalou profundamente, teve então a oportunidade de ver apuradas as suas mais íntimas qualidades, dando início a uma luminosa carreira monástica. Esta obra, *A Liberdade do Espírito*, ditada pelo próprio Francisco de Assis à médium Mitzi Ponce de León, dirigente da Cruzada Espiritual Feminina do Rio de Janeiro, vem somar-se à vasta literatura espiritualista, de maneira a enriquecer tudo o que já foi publicado sobre a vida e obra deste excelso missionário de Jesus na Terra, fazendo-nos lembrar que a Lei do Amor dignifica, eleva, envolve e ameniza todas as dores. Pela vibração do nome daquele que a enviou, pode-se avaliar a grandeza de seu conteúdo.

A Liberdade do Espírito
FRANCISCO DE ASSIS / MITZI PONCE DE LEÓN
Formato 14 x 21 cm • 160 p.

Se na beleza irretocável dos ensinos e parábolas de Jesus nada pode ser acrescido ou alterado, contudo, hoje pode ser feita a leitura mais esotérica deles, e percebido o seu sentido interno e oculto, que durante séculos permaneceu velado à consciência comum da humanidade. É o objetivo da presente obra de Ramatís, que desvenda a dimensão secreta e cósmica das histórias singelas do Mestre Nazareno.

A evolução mental do terrícola, atualmente, já permite desvelar essa realidade mais profunda do Evangelho, que é a de se constituir uma síntese das leis cóscmicas, ou a "miniatura do metabolismo do próprio Criador".

Neste obra de cunho iniciático, mas na linguagem cristalina e acessível característica de Ramatís, o leitor encontrará, além da interpretação mais profunda e esotérica dos preceitos evangélicos, um estudo fascinante dos temas "Deus" e "Evolução", tratados com a profundidade e clareza típicos do velho mestre da Grecia antiga.

Uma das obras mais atraentes de Ramatís, que irá conquistá-lo para o rol de seus milhares de leitores.

O Evangelho à Luz do Cosmo
RAMATÍS / HERCÍLIO MAES
Formato 14 x 21 cm • 352 p.

O espírito materializado de Katie King se apresenta a William Crookes, o famoso físico e prêmio Nobel, e, ao lado da médium adormecida, deixa que o fotografe e que lhe corte mechas de cabelo. Espíritos cruzam o véu da morte e vêm escrever mensagens com a letra que possuíam, contar fatos que só seus íntimos conheciam, fazer previsões que logo se realizam. Materializados, deixam-se fotografar, moldam braços e mãos perfeitos na parafina líquida; transportam objetos de longe para dentro de salas e caixas fechadas; materializam-se na hora do desencarne e vão ver seus familiares, abrindo portas, tocando campainhas, fazendo-se visíveis e audíveis a ponto de serem tomados por "vivos"; projetam seus corpos perispirituais à distância e se fazem ver e ouvir, como o amigo que o poeta Goethe viu na estrada de sua casa. Um dilúvio de *fatos espíritas* se derrama sobre o século XIX para despertar o público, intelectuais e homens de ciência para a realidade espiritual que o espiritismo veio sintetizar.

Em *A Alma é Imortal*, o sábio Gabriel Delanne, um dos vultos exponenciais do espiritismo nascente, relata esses casos extraordinários, analisa-os com raciocínio científico, e conclui: é a verdade se mostrando na sua esplêndida evidência; sim, nós temos uma alma imortal, e as vidas sucessivas são uma realidade incontestável. E tudo isso não é especulação filosófica: são *fatos,* reproduzidos às centenas e milhares, com todo o rigorismo de cientistas e pesquisadores.

Reunindo um acervo impressionante desses *fatos espíritas,* sobretudo materializações e aparições, esta obra é um fascinante depoimento sobre a imortalidade. "É chegada a hora em que a ciência deve se unir à revelação para promover a transformação da humanidade", diz Delanne.

Livro fascinante e indispensável àqueles que buscam as evidências da imortalidade, ou desejam enriquecer o conhecimento desses fenômenos que balizaram o início da "era do espírito".

A Alma é Imortal
GABRIEL DELANNE
Formato 14 x 21 cm • 392 p.

Evolução Anímica
GABRIEL DELANNE
Formato 14 x 21 cm • 240 p.

A dificuldade encontrada pelo leitor para compreender as palavras textuais contidas nos *Evangelhos* é um dos maiores impedimentos à sua massificação entre os adeptos do Espiritismo, que, na maioria das vezes, se utilizam de suas sublimes páginas apenas aleatoriamente, durante as reuniões no lar ou na abertura dos trabalhos mediúnicos, quando na verdade este deveria ser o livro de cabeceira de todo espírita que deseja aprimorar-se moralmente, seja ele aprendiz ou médium tarefeiro. A Espiritualidade almeja e aconselha isto, e foi o que pretendia ao recrutar Allan Kardec para organizar e compilar as mensagens renovadoras da Terceira Revelação.

Tendo sido um educador de larga experiência humanística e filosófica que adotava uma metodologia austera, sem no entanto perder a brandura, Kardec reunia as condições ideais de que se serviram os espíritos superiores para edificar as bases da Doutrina Espírita. No entanto, se reencarnasse nos dias de hoje, é provável que, por sua índole infatigável e criteriosa, desejasse aprimorar ainda mais a obra missionária que disponibilizou para a humanidade, a fim de que ela alcançasse efetivamente o maior número possível de pessoas. Essa é a finalidade desta nova edição de *O Evangelho Segundo o Espiritismo*, cuja clareza, objetividade e simplicidade textuais pretendem aproximar o leitor da mensagem imorredoura de Jesus Cristo, sem distanciá-la de sua originalidade, o que dá a esta versão a legitimidade almejada pelos espíritos.

Sorver destas sublimes páginas é como conversar diretamente com Jesus, o Soberano Preceptor da humanidade, que, mesmo não tendo deixado uma única palavra por escrito, disseminou tão magistralmente as idéias cristãs que é possível assimilar, muitos séculos depois, o seu divino código de conduta moral, tal como Ele o prescreveu. Este é o poder da palavra. Esta é a nossa missão.

O Evangelho Segundo o Espiritismo
ALLAN KARDEC
Formato 14 x 21 cm • 392 p.

A dificuldade encontrada pelo leitor para compreender as palavras textuais contidas nos *Evangelhos* é um dos maiores impedimentos à sua massificação entre os adeptos do Espiritismo, que, na maioria das vezes, se utilizam de suas sublimes páginas apenas aleatoriamente, durante as reuniões no lar ou na abertura dos trabalhos mediúnicos, quando na verdade este deveria ser o livro de cabeceira de todo espírita que deseja aprimorar-se moralmente, seja ele aprendiz ou médium tarefeiro. A Espiritualidade almeja e aconselha isto, e foi o que pretendia ao recrutar Allan Kardec para organizar e compilar as mensagens renovadoras da Terceira Revelação.

Tendo sido um educador de larga experiência humanística e filosófica que adotava uma metodologia austera, sem no entanto perder a brandura, Kardec reunia as condições ideais de que se serviram os espíritos superiores para edificar as bases da Doutrina Espírita. No entanto, se reencarnasse nos dias de hoje, é provável que, por sua índole infatigável e criteriosa, desejasse aprimorar ainda mais a obra missionária que disponibilizou para a humanidade, a fim de que ela alcançasse efetivamente o maior número possível de pessoas. Essa é a finalidade desta nova edição de *O Evangelho Segundo o Espiritismo*, cuja clareza, objetividade e simplicidade textuais pretendem aproximar o leitor da mensagem imorredoura de Jesus Cristo, sem distanciá-la de sua originalidade, o que dá a esta versão a legitimidade almejada pelos espíritos.

Sorver destas sublimes páginas é como conversar diretamente com Jesus, o Soberano Preceptor da humanidade, que, mesmo não tendo deixado uma única palavra por escrito, disseminou tão magistralmente as idéias cristãs que é possível assimilar, muitos séculos depois, o seu divino código de conduta moral, tal como Ele o prescreveu. Este é o poder da palavra. Esta é a nossa missão.

GOTAS E AMOR
foi confeccionado em impressão digital, em agosto de 2025
Conhecimento Editorial Ltda
(19) 3451-5440 — conhecimento@edconhecimento.com.br
Impresso em Luxcream 70g. – StoraEnso